R. Beyer

Starkregen und Sturzfluten

Wassersperre Water-Gate

Mit der gelben Wassersperre Water-Gate hat die Firma MegaSecur aus Kanada ein revolutionäres Konzept entwickelt, um die Kraft des Wassers zu nutzen, sich selber zu stoppen.

Starkregen sind sehr schwer vorherzusagen. Meist dauern sie nur kurz und betreffen ein kleines Gebiet. Dennoch kann es dabei zu hohen Schäden kommen. Innerhalb weniger Minuten können Regenmengen eines ganzen Monats niedergehen. Der Boden und die Abwasser Leitungen können das Wasser nicht mehr aufnehmen.

Leicht muss ein Abwehrmittel sein um von wenigen Personen schnell eingesetzt werden zu können.

Water-Gate ist weltweit dabei zum
... Schützen,
... Auffangen,
... Aufstauen,
... Ableiten und trocken arbeiten.

R. Beyer

Starkregen und Sturzfluten

Bibliografische Informationen der Deutschen Nationalbibliothek
Die Deutsche Nationalbibliothek verzeichnet diese Publikation in der Deutschen Nationalbibliografie; detaillierte bibliografische Daten sind im Internet über <http://dnb.dnb.de> abrufbar.

Bei der Herstellung des Werkes haben wir uns zukunftsbewusst für umweltverträgliche und wiederverwertbare Materialien entschieden.

ISBN 978-3-609-69622-5

E-Mail: kundenservice@ecomed-storck.de
Telefon: +49 89/2183-7928
Telefax: +49 89/2183-7620

www.ecomed-storck.de

Satz: Fotosatz H. Buck, 84036 Kumhausen
Druck: Kessler Druck + Medien, 868399 Bobingen

Vorwort

Das hier vorliegende Werk stammt in abgewandelter Form aus zwei einschlägigen Ausbildungshandbüchern der Bundesanstalt Technisches Hilfswerk, welche für die hier vorliegende neutrale Ausgabe des Ecomed-Verlages freigegeben wurden. Es handelt sich dabei um ein Werk, in dem sowohl das Fachwissen und die Erfahrungen aus einschlägigen Einsätzen des Autors als auch Feststellungen, Erkenntnisse und daraus abgeleitete Folgerungen aus Einsätzen in benachbarten europäischen Ländern zusammenfasst wurden.

Ein Einsatz bei einem Sturzflutereignis stellt besondere Herausforderungen an die Einsatzkräfte. Genügten früher die Kenntnisse der normalen Hochwasserbekämpfung, so sehen sich heute die eingesetzten Helfer mit den unterschiedlichsten Notlagen konfrontiert.

Auf Grund klimatischer Veränderungen sowie Eingriffen des Menschen in die Natur können Sturzflutereignisse heute eine existenzielle Bedrohung für den Menschen sein. Durch die in den letzten Jahren immer häufiger auftretenden, extremen Wetterlagen mit starken Niederschlägen kommt es heute zu Niederschlagsmengen, wie sie in früheren Zeiten nur alle 100 Jahre einmal auftraten oder seit Bestehen der Wetteraufzeichnungen noch nie in unseren Breitengraden gemessen wurden. Dabei werden auch an kleineren Gewässern Wasserstände erreicht, die über dem Niveau von allen bisher bekannten Pegelständen liegen. Gleichzeitig wird das damit verbundene Schadenspotential immer größer, da unsere moderne Infrastruktur immer anfälliger für Störungen wird.

Zum Schutz von Menschenleben, Infrastruktur und Sachwerten ist es daher immer häufiger erforderlich, mit den Mitteln des Katastrophenschutzes gegen solche Extremwetterlagen vorzugehen. Die hier angeführten Empfehlungen sind nicht die Lösung aller Probleme in Verbindung mit einer Sturzflut. Es ist ein Ratschlag, eine Unterstützung und Information um zu helfen richtige Lösungen zu finden.

In Anbetracht der Komplexität der Abläufe und des hohen Schadenspotentials genügt jedoch häufig nur ein einziger passender Hinweis, um Schäden zu reduzieren und Einsatzabläufe zu optimieren.

Derartige Einsätze stellen eine besondere Herausforderung insbesondere an die Führungskräfte dar, da dem Eigenschutz der eingesetzten Kräfte, in der sich ständig ändernden Lage, ganz besondere Aufmerksamkeit gelten muss. Somit ist es insbesondere für Führungskräfte unerlässlich, sich bereits im Vorfeld mit der Bewältigung von Sturzflutereignissen auseinanderzusetzen.

Der Inhalt des Buches kann weder eine solide handwerkliche Aus- und Weiterbildung noch eine entsprechende Führungsausbildung ersetzen.

Bei der Bewältigung einer solchen Einsatzlage werden von den Führungskräften ein hohes Maß an Flexibilität und schnelle Entscheidungen auf Grundlage von nicht immer ausreichenden Informationen verlangt. Man sollte sich daher immer vor Augen halten, dass in einer Einsatzsituation der gesunde Menschenverstand jedes Einsatzhandbuch oder jede Empfehlung ersetzen kann, nicht aber der gesunde

Menschenverstand durch ein Einsatzhandbuch oder eine Empfehlung zu ersetzen ist. Keine Vorschrift und kein Buch kann jede sich aus einem solchen Schadensereignis ergebende Situation erfassen. Dieses Buch, soll dem Leser die Möglichkeit geben, sich auf ein derartiges Schadensereignis vorzubereiten, um einen Einsatz mit den erlangten Kenntnissen, besser zu bewältigen.

Nach Auslieferung des ersten THW-Handbuches und der insgesamt positiven Resonanz hierauf sind noch viele Anregungen, Fragen und auf Einsatzerfahrungen basierende Problemlösungen an mich herangetragen worden. Auch wurde angeregt, einzelne Themen ausführlicher zu behandeln, beziehungsweise für bestimmte hieraus sich ergebende Fragestellungen auch noch Lösungsansätze anzubieten.

Man muss sich aber bewusst machen, dass bei den hier beschriebenen Einsatzszenarien der Einsatzerfolg mehr von schnellen Entscheidungen und situationsbedingten Reaktionen abhängig ist als von standardisierten vorgegebenen Lösungsvorschlägen. Besonders wichtig ist hier ein gehöriges Maß an Improvisationstalent und Flexibilität, um die Vorgehensweise der sich verändernden Lage ständig anzupassen. Auf Grund der zeitkritischen Abläufe bei einer Sturzflut bleibt z.B. beim Objektschutz meist nur noch die Möglichkeit, punktuell zu improvisieren, um den Schaden zu verringern. Aber zum Improvisieren gehört auch ein gewisses Grundwissen, wenn möglich Erfahrung und die hieraus resultierende Sicherheit bei den zu treffenden Entscheidungen.

Vorwort

Viele der im Hochwasserschutz vermittelten Vorgehensweisen und Standardlösungen sind wegen ihrer zeitaufwändigen Umsetzung bei einer Sturzflut nicht oder nur bedingt anwendbar. Allerdings ist das Wissen um diese Standardlösungen die Grundlage zu improvisierten Lösungsansätzen.

Hierzu soll dieses Buch, das aus beiden Teilen des ursprünglichen THW-Einsatzhandbuches besteht, seinen Beitrag leisten und im Einsatzfall eine Grundlage zum Improvisieren sein oder das Wissen um mögliche Handlungsoptionen zur Einsatzbewältigung und den Einsatzerfolg verbessern.

Lohmar, im Oktober 2016

Ralf Beyer
THW OV Siegburg
Technischer Berater Hochwasserschutz
und Deichverteidigung
THW Landesverband NRW

Inhalt

1 Definition Sturzflut

Eine Sturzflut ist meist ein durch sommerlich-konvektive Starkniederschläge hervorgerufenes Hochwasserereignis mit einem Einzugsgebiet von unter 10 km^2 bis über 50 km^2. Innerhalb von Minuten bis wenige Stunden nach einem starken Regenereignis, einem Deich- oder Dammbruch oder dem Bruch einer Barriere (Erdrutsch) überfluten plötzlich große Wassermassen ein Gebiet.

Bezüglich der Gebietsgröße und der Gebietseigenschaften des Entstehungsgebiets, der Charakteristik des auslösenden Niederschlags bzw. Ereignisses, der Abfluss- und Überflutungsparameter sowie der auftretenden Schäden gibt es eine Vielzahl von Definitionen in der Literatur.

Bei niederschlagsbedingten Sturzfluten übersteigt die Niederschlagsintensität häufig die Infiltrationsrate des Bodens, so dass das Wasser oberflächlich abfließt und eine rasch ansteigende, äußerst energiereiche Hochwasserwelle entsteht. Sie kann als regelrechter Schwall dem Gefälle folgen und in kürzester Zeit auch Bereiche erreichen, in welchen es nicht oder kaum geregnet hat.

Die Dauer von Sturzfluten ist im Vergleich zu Flussüberschwemmungen sehr kurz und beträgt wenige Stunden, falls das Wasser abfließen kann. Sturzfluten verfügen über ein enormes Zerstörungspotential, bedingt durch hohe Fließgeschwindigkeiten und Wassertiefen sowie durch erhebliche

Feststofftransporte, die im Erosions- und Ablagerungsbereich hohe Schäden hinterlassen können.[1]

1.1 Kennzeichen für eine Sturzflut

- Sehr kurze Vorwarnzeiten von maximal 20 – 30 Minuten bis zum Ereigniseintritt. Dadurch bedingt kaum Reaktionszeit für Maßnahmen vor dem Schadensereignis.
- Hohe Fließgeschwindigkeiten, verbunden mit hohen Einstautiefen, Sedimentfrachten und Treibgut. Das Wasser fließt mit hoher Geschwindigkeit und verursacht dadurch erhebliche Schäden. Das Schadenspotential ist wesentlich größer als bei einem normalen Hochwasser, 60 % der entstehenden Schäden werden nur durch die hohen Fließgeschwindigkeiten verursacht.
- Überflutung von Gebieten, in denen selbst wenig bis kein Niederschlag gefallen ist.

1.2 Teilprozesse der Gefährdung

1.2.1 Hangabfluss, wild abfließendes Wasser

Hier können Bodenerosionen große Schäden verursachen. Die vom Wasser mitgerissenen Erdmassen und sonstigen Feststoffe lagern sich irgendwo ab oder dringen in Gebäude ein. Hierdurch werden Verkehrswege unpassierbar sowie Gebäude erheblich beschädigt oder zerstört.

---

[1] Definition aus Vorhersage und Management von Sturzfluten in urbanen Gebieten (URBAS). Untersuchung im Auftrag des Bundesministeriums für Bildung und Forschung

Durch wild abgeflossenes Hangwasser unpassierbar gewordene Straße (Foto: THW OV Siegburg)

1.2.2 Ausuferung von kleinen Gewässern

Selbst kleinste Bachläufe und Entwässerungsgräben können in kürzester Zeit plötzlich zum alles mit sich reißenden Gewässer werden.

Wild abfließendes Hangwasser nach Starkregen (Foto: Ralf Rohrmoser von Glasow)

1.2.3 Überlastung von Entwässerungsanlagen

Das Kanalnetz und die Entwässerungsanlagen von Bauwerken sind für solche Wassermassen nicht ausgelegt und können das Wasser nicht abführen, so dass es hier zu Flutungen von Gebäuden kommt.

Oder das Wasser schießt aus dem Kanalnetz nach oben und sucht sich dann unkontrolliert an der Oberfläche seinen Weg.

1.2.4 Versagen von Schutzeinrichtungen

Hier sind insbesondere Regenrückhaltebecken zu nennen, die bei Extremniederschlägen ein zusätzliches Gefahrenpotential darstellen können. Wenn Niederschlagswerte im Extrembereich erreicht werden und andere negativ wirkende Umstände hinzukommen, kann dies zum Versagen des Bauwerks führen.

Auch Talsperren verfügen über Notüberläufe, die bei extremen Anstauhöhen plötzlich anspringen und große Wassermassen abführen. Dieser Vorgang ist dann nicht mehr steuerbar oder die Menge der abgeführten Wassermassen regulierbar.

Bei Einsatzstellen unterhalb solcher Bauwerke sollte bei einem solchen Einsatzszenario besonders darauf geachtet und sichergestellt werden, dass die Warnungen alle Einsatzkräfte rechtzeitig erreichen.

1.2.5 Aus- und Unterspülungen

Die meist hohe Strömungsgeschwindigkeit des Wassers führt durch Unterspülungen zu großen Schäden an Straßen und deren Entwässerungseinrichtungen.

Besonders Verrohrungen und Durchlässe von Wasserläufen an Straßendämmen können zu besonderen Gefahrenstellen werden.

1.2.6 Schlammlawinen und Erdrutsche

Hier sind es insbesondere landwirtschaftliche Flächen, die je nach topographischer Lage und Bearbeitungszustand immer wieder zu Auslösern von Schlammlawinen werden.

Erdrutsche werden meist durch das Eindringen von Wasser in untere Erdschichten verursacht. Dies kann dann zum Abrutschen ganzer Hänge führen.

Durch Starkniederschlag ausgelöster Hangrutsch (Foto: THW OV Siegburg)

1.2.7 Verklausungen

Hierbei kommt es zum teilweisen oder vollständigen Verschluss eines Fließgewässerquerschnitts infolge angeschwemmten Treibgutes. Dadurch entsteht dann ein Rückstau, der zu schnell anwachsenden Wasserständen oberhalb des Abflusshindernisses führt. Daraufhin wird das angestaute Wasser das Hindernis um- oder überströmen, auch kann es durch den ständig steigenden Wasserdruck zum plötzlichen Lösen des Abflusshindernisses kommen. Dabei kann eine Flutwelle wie bei einem Dammbruch entstehen.

Verklausungen bilden sich vorwiegend an Querschnitts-Verengungen wie verrohrten Bachstrecken, Durchlässen, oder zwischen Brückenpfeilern. Besonders gefährlich sind Verklausungen an Hochwasserentlastungsanlagen.

Durch Verklausung eines Bachlaufs verursachte Überflutung an einem Durchlass (Foto: THW OV Siegburg)

1.2.8 Gerinne-Veränderungen

Dies können sowohl Ausspülungen am Rand oder am Gewässergrund, aber auch Ablagerungen im Fließbett eines betroffenen Gewässers sein. Dadurch können sich Fließrichtung, aber auch die Wasserspiegelhöhen verändern, was zu erheblichen Problemen führen kann, da das Gewässer dann nicht mehr in den gewohnten Bahnen verläuft.

Verklausung eines Bachlaufs mit Gerinneveränderung an einem Rohrdurchlass (Foto: Ralf Rohrmoser von Glasow)

2 Kriterien zur Lagebeurteilung

Wie kann ein Einsatz bei einem Starkniederschlags- und Sturzfluten-Szenario bewältigt werden? Zunächst muss vor allem beurteilt werden, an welcher Stelle man sich im Ereignisablauf befindet. Von der Antwort auf diese Fragestellung sind alle weiteren Entscheidungen abhängig.

Hinweis

Die wichtigste Frage von allen:

- **Wo befinde ich mich im Ereignisablauf?**

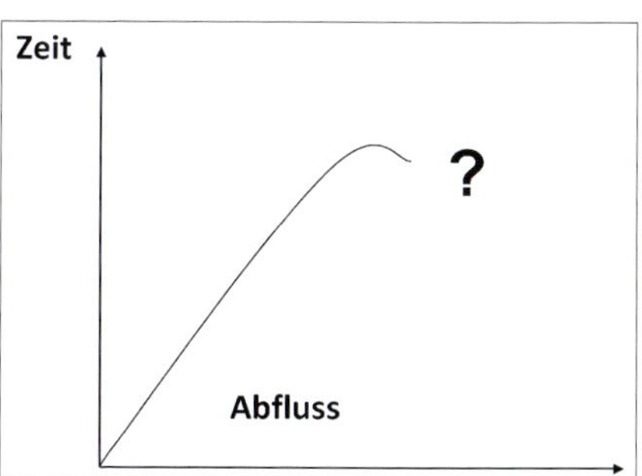

Wo befinde ich mich im Ereignisablauf?

Zur Beurteilung sollten alle verfügbaren Informationen genutzt werden, auch sollte dies nicht durch eine Person entschieden werden, sondern in Absprache unter den Führungskräften erfolgen.

Wichtige Fragen, die in diesem Zusammenhang noch zu stellen sind.

Hinweis

- **Wie ist die Wetterprognose?**
- **Welche Entwicklung der Wasserstände ist zu erwarten?**

Erst nachdem die vorgenannten Kriterien beurteilt wurden, kann sich nach dem Einbeziehen der weiteren ereignisspezifischen Faktoren eine Lagebeurteilung ergeben, die die Grundlage für konkrete Einsatzaufträge bildet.

Dies ist bei einem Sturzflutereignis besonders wichtig, da es sich hier um eine sehr dynamische Lage mit ständig wechselnden Situationen und Prioritäten handelt. Der Eigenschutz der Einsatzkräfte ist hier besonders von der Lagebeurteilung abhängig und betroffen. Eine fehlerhafte oder unzureichende Lagebeurteilung kann dramatische Auswirkungen haben.

2.1 Weitere Kriterien zur Lagebeurteilung[2]

Prozessart

- Überschwemmung
- Schlammlawine

[2] Quelle: Amt für Naturgefahren Schweiz

Entstehung/Anstieg
- sehr schnell (Minuten)
- schnell (Stunden)
- gemächlich (Tage)

Dauer
- kurz (Stunden)
- lang (Tage)
- sehr lang (Wochen)

Überschwemmungstiefe
- gering (bis 30 cm)
- mittel (bis 100 cm)
- groß (über 100 cm)

Fließgeschwindigkeit
- langsam (bis 0,5 m/s)
- mittel (bis 1,0 m/s)
- schnell (über 1,0 m/s)

Hinweis

- **Die gemachten Zeit und Zahlenangaben sind keine allgemein gültigen festgelegten Werte, sondern stellen lediglich eine Empfehlung dar, die zur einfacheren und schnelleren Lagebeurteilung dienen kann.**

3 Führung bei Sturzflutereignissen

In Fallstudien wurde festgestellt, dass bei Sturzflutereignissen die Lage in größeren Städten weniger katastrophal eingestuft wird als in kleineren Städten und Gemeinden. Gründe hierfür können sein, dass in größeren Städten Berufsfeuerwehren tätig sind, die aufgrund der professionellen Einsatzleitung, der personellen Kapazitäten, der besseren Ausbildung, Ausrüstung und der tagtäglichen Praxis Schadensereignisse und Notstände gelassener angehen als freiwillige Feuerwehren in den kleineren Städten und Gemeinden.

Auch spielt eine Rolle, dass in kleineren Städten und Gemeinden ein direkterer Kontakt zwischen betroffenen Bürgern, Hilfsorganisationen, Verwaltung und Politik besteht, sodass sich hier schneller Handlungsdruck aufbaut.[3]

Die Zuständigkeiten im Einsatz sind allgemein klar geregelt. In der akuten Phase eines Sturzflutereignisses handelt es sich aber um eine hoch dynamische Lage mit ständig wechselnden Prioritäten, die auf Grund der Masse der eingehenden Meldungen und der schwierig zu beurteilenden Informationen der betroffenen Bürger bezüglich Bearbeitung und Prioritätensetzung bei den Einsatzmaßnahmen keine leichte Aufgabe ist.

[3] Quelle: Fallstudien Projekt URBAS

3.1 Herausforderungen an die Hilfsdienste

Schwierigkeiten und Probleme treten häufig bei der Kommunikation und Koordination zwischen den verschiedenen Organisationen, bei der Information der betroffenen Bevölkerung und beim Maßnahmenmanagement auf.[4]

- Innerhalb kurzer Zeit ist eine Vielzahl von Bürgern betroffen und fordert Hilfe an.
- Der Ablauf von Sturzfluten lässt sich kaum vorhersehen.
- Die Folgenbewältigung kann kaum vorausgeplant werden.
- Der Ereignisablauf ist den Hilfskräften auf Grund ihrer relativen Seltenheit nicht aus der Praxis bekannt.

3.2 Führungsorganisation

Auf die Vorgaben und Regelungen der DV 1-100 soll hier nicht weiter eingegangen werden. Sie sollten jeder Führungskraft bekannt sein.

Wichtig im Zusammenhang mit einem Sturzflutereignis ist, dass wegen der kurzen Reaktionszeiten schnelle Abläufe bereits vorgeplant werden.

Bei einem derartigen Schadensereignis sollte so schnell wie möglich ein Fachberater THW als Verbindungsperson in die zuständige Einsatzleitung angefordert werden. Dieser sollte so schnell wie möglich seine Aufgaben in der Einsatzleitung wahrnehmen. Je schneller hier die Reaktionszeit ist, desto besser können die technischen Möglichkeiten des THW als

[4] Quelle: Zusammenfassung Fallstudien Projekt URBAS

Lösungsansätze in die Überlegungen der Einsatzleitung gerade in der Entscheidungsfindungsphase am Anfang des Ereignisses eingebracht werden. Besonders wichtig ist, dass die Verbindung zur Einsatzleitung oder Abschnittsleitung für die eingesetzten Kräfte sichergestellt ist, damit Lageveränderungen schnellstmöglich gemeldet oder erfahren werden können.

Auch ist darauf zu achten, dass je nach Einsatzentwicklung rechtzeitig und kurzfristig eine Erweiterung der Führungsmöglichkeiten notwendig werden kann und entsprechend angefordert wird.

THW-Führungsstelle mit Fachgruppe Führung und Kommunikation und Zugtrupp (Foto: Ralf Beyer)

3.3 Führungstaktik

Hinweis

- **Der Einsatz wird nur erfolgreich verlaufen, wenn Entscheidungen unter Anwendung von Führungsvorgang, Lagefeststellung, Planung und Befehlsgebung herbeigeführt und konsequent umgesetzt werden.**

Von einer Sturzflut verwüstete Ortschaft; Einsatzkräfte bei den Aufräumarbeiten (Foto: THW OV Siegburg)

Bei der Bewältigung der Einsatzlage ist von den eingesetzten Führungskräften darauf zu achten, dass möglichst nicht von einer Auftragstaktik bei der Vergabe und Erledigung von Einsatzaufträgen abgewichen wird. Entsprechende Negativbeispiele sind in vergangenen Einsätzen dieser Art auf Grund des Zeitdrucks, unter denen die Abläufe stehen, vorgekommen. Hier sollte im Dialog mit den entsprechenden Einsatz- oder Abschnittsleitungen die Taktik abgestimmt werden und Fehlentwicklungen bereits im Anfangsstadium vermieden werden.

Auch sollte, insbesondere zu Gefährdungsabschätzungen als Maßnahme der Eigensicherung, rechtzeitig die Einbindung von Fachleuten wie die Technischen Berater Hochwasserschutz und Deichverteidigung sowie, falls erforderlich, die Baufachberater des THW erfolgen.

Bei der Zuteilung der Einsatzaufträge hat sich in vergangenen Einsätzen bewährt, ab einer bestimmten Größenordnung des Schadensereignisses, dem THW eigene Einsatzabschnitte zuzuweisen, die selbstständig geführt und abgearbeitet werden.

Dies macht auch insofern Sinn, dass die Einsatzstellen, die in der Regel dem THW mit den Möglichkeiten z.B. einer Fachgruppe Wasserschaden/Pumpen zugeteilt werden, eine gewisse Größenordnung haben, mit dem entsprechenden Zeit-, Material- und Personalaufwand.

Hier bietet es sich an, ab einer gewissen Größenordnung des zugewiesenen Schadensbereiches einen eigenen Einsatzabschnitt zu bilden, der selbstständig geführt wird. Die

Erfahrung aus vergangenen Einsätzen hat gezeigt, dass die Einsatzleitungen in den meisten Fällen beim Einrichten eigener Einsatzabschnitte des THW entsprechend entlastet wurden und mit den dadurch frei gewordenen Führungskapazitäten die Lage besser bewältigt wurde.

Hinweis

- **Nur mit einer klaren Führungsstruktur und einer klaren Führungstaktik ist der Einsatzerfolg zu erreichen.**

THW-Pumpentechnik im Einsatz (Foto: Ralf Beyer)

4 Einsatztaktik

Eine Sturzflut kann nicht bekämpft, nur gefährdete Personen oder Sachen können geschützt werden!

Wegen der Schnelligkeit und Heftigkeit der Ereignisse kommt es fast immer zu einer Gefährdung von Menschen. Die Maßnahmen Retten und Evakuierung mit ihrer Vorrangstellung vor allen anderen Einsatzmaßnahmen sind fast immer erforderlich. Bei allen Ereignissen ist auch das unverzügliche Räumen und Absperren von Gefahrenzonen (Straßen, Unterführungen, Tiefgaragen etc.) notwendig sowie die Durchführung von Sicherungsmaßnahmen, wie beispielsweise die Beseitigung von Abflusshindernissen oder der Aufbau von Objektschutzeinrichtungen mit Sandsäcken oder mobilen Schutzelementen.

Nach der akuten Phase umfassen die weiteren Aktivitäten der Einsatzkräfte schadensmindernde Maßnahmen wie das Leerpumpen und Räumen von Kellern, Tiefgaragen und Unterführungen sowie das Freiräumen von Verkehrswegen von Schlamm und Geröll.

Bei allen notwendigen einzuleitenden Maßnahmen muss immer berücksichtigt werden, dass bei einer Sturzflut die Zeitabläufe wesentlich kürzer sind als bei allen anderen Hochwasserereignissen. So können z.B. die üblichen Sicherungsmaßnahmen aus der Deichverteidigung wegen zu großen Zeitaufwands in den meisten Fällen nicht umgesetzt werden. Hier ist dann die Methode zu wählen, die am schnellsten umzusetzen ist oder zu improvisieren. Von

Vorteil ist hierbei, dass die Zeiten der extremen Anstauhöhen auch relativ kurz sind und die durchzuführenden Sicherungsmaßnahmen auch nur für diesen kurzen Zeitraum halten müssen.

4.1 Überflutete Bereiche möglichst meiden

Ein Einsatz zum Schutz von Sachwerten sollte vor der Überflutung stattfinden. In gefluteten Gebieten ist nur noch Menschenrettung, aber keine Maßnahmen zum Schutz von Sachwerten vorzunehmen.

Von dieser Regel sollte nur in begründbaren Ausnahmefällen abgewichen werden.

4.2 Eigensicherung beachten

- Ständig die Umgebung beobachten.
- Ereignisentwicklung und Rückzugswege überwachen.
- Einsatzkräfte vor Gefahren warnen.
- Evakuierungssignal vereinbaren und bekannt machen.

4.3 Rettungswege und Sicherheitszonen erkunden und festlegen

- Sichere Fluchtwege von jeder Einsatzstelle erkunden und festlegen.
- Sichere Sammelplätze bestimmen, falls die Einsatzstelle schnell geräumt werden muss. Der Einheitsführer kann so schnell feststellen, ob alle Helfer den Sammelplatz erreicht haben. Deswegen müssen jedem eingesetzten

Helfer der Fluchtweg und der Sammelplatz bekannt sein.

- Fahrzeuge und Materialien mit deutlichem Abstand zum Gefahrenbereich aufstellen.

4.4 Kommunikation

- Verbindung zur Einsatzleitung oder Abschnittsleitung sicherstellen.
- Lageveränderungen unverzüglich der Einsatzleitung melden.
- Sicherstellen, dass Meldungen über Lageveränderungen auch die untergeordneten Führungsstellen erreichen.
- Maßnahmen, Vorgehensweise und Planungen abstimmen.

5 Organisation der Einsatzstelle

5.1 Einteilung der Einsatzstelle

Zum Schutz der Einsatzkräfte, sofern dies auf Grund der Einsatzsituation notwendig ist, sollte die Einsatzstelle in verschiedene Bereiche aufgeteilt werden:

- **Arbeitsräume**
- **Sammelplätze (Personal, Fahrzeuge)**
- **Lagerplätze (Material)**
- **Sperrzonen**

Um einen zugewiesenen Einsatzabschnitt entsprechend aufzuteilen und zu strukturieren, ist eine genaue Erkundung und anschließende kurze Planung notwendig. Planung heißt Wissen über Gefahren, Risiken, die eigenen Möglichkeiten und beginnt bereits während der Anfahrt mit dem Feststellen der Zufahrts- und Fluchtmöglichkeiten der Einsatzstelle.

Ziel dieser Maßnahmen ist:

- **Die richtigen Kräfte**
- **mit den richtigen Mitteln**
- **am richtigen Ort**
- **zur richtigen Zeit**
- **mit möglichst geringer Eigengefährdung**

zu haben.

5.2 Beispiele zur Strukturierung einer Einsatzstelle (schematische Darstellungen)

5.2.1 Flutwelle

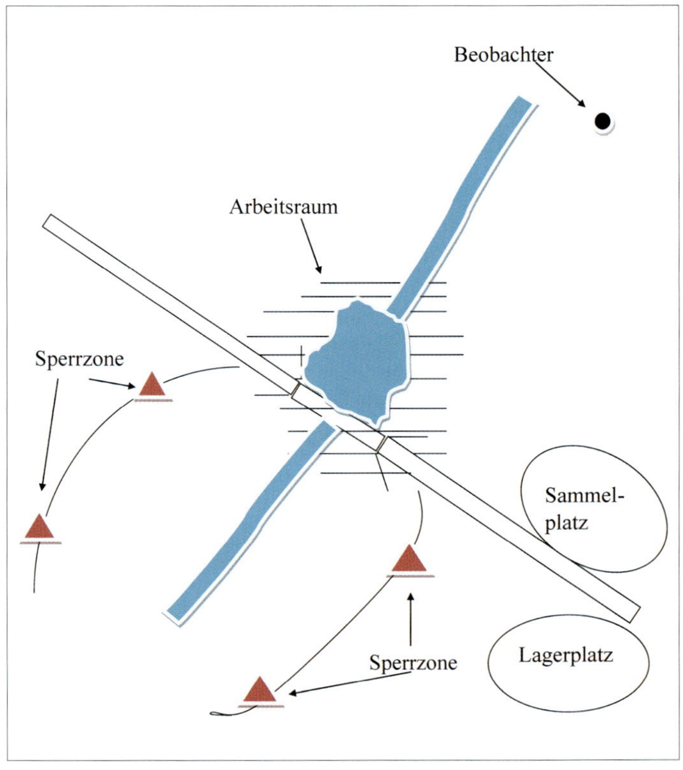

Flutwelle (schematische Darstellung)

5.2.2 Anströmendes Wasser ableiten

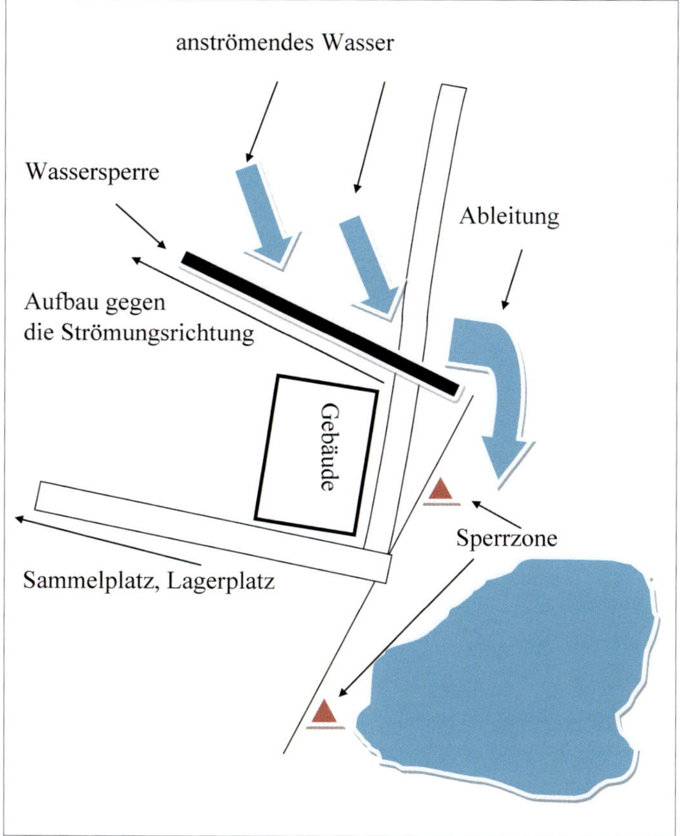

Ableitung anströmenden Wassers (schematische Darstellung)

5.2.3 Hangrutsch

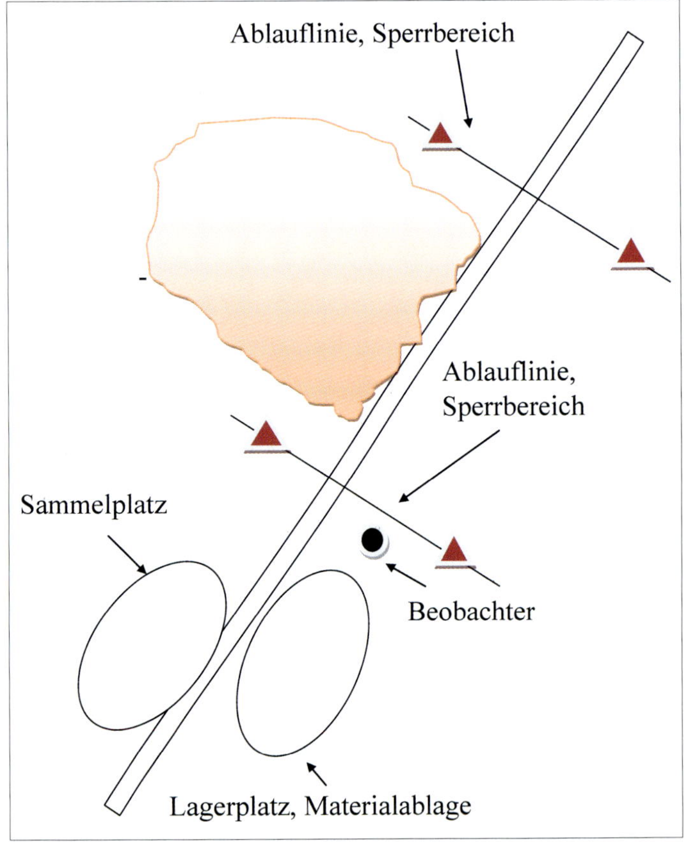

Hangrutsch (schematische Darstellung)

5.2.4 Rutschungen/Hangmuren

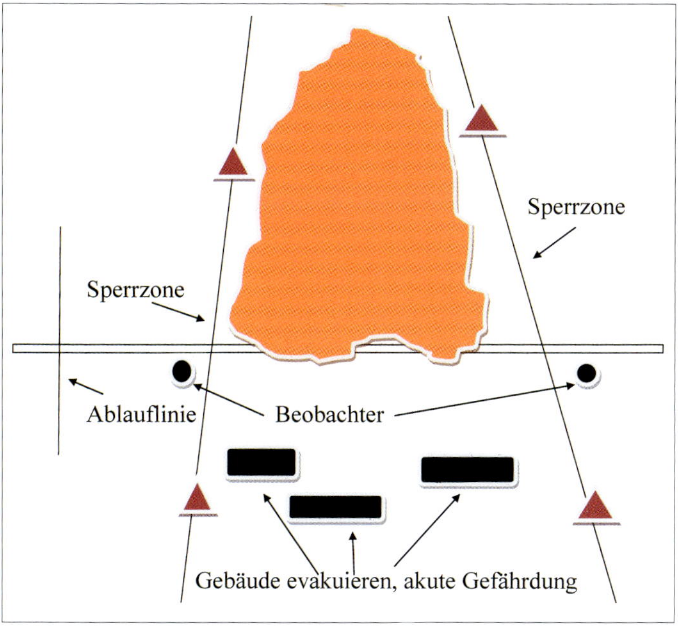

Rutschungen/Hangmuren (schematische Darstellung)

Im Rutschungsgebiet sind möglichst keine Arbeiten vorzunehmen, bevor eine Fachperson die Situation beurteilt hat.

Bei Dunkelheit erhöht sich das Gefahrenpotential, da durch mangelnde Sicht die Situation schwerer zu beurteilen ist.

Hier sind die Sperrzonen situationsbedingt weiträumiger zu bemessen.

Hinweis

- **Grundsätzlich darf die festgelegte Ablauflinie nur auf Anweisung oder mit Absprache der Einsatzleitung überschritten werden. Das gleiche gilt für das Betreten der Sperrbereiche.**

6 Die Erweiterung der Einsatzoptionen durch den Einsatz von Strömungsrettern

Da den Möglichkeiten, Arbeiten im strömenden oder tieferen Wasser auszuführen, durch den Einsatz von Wathosen und den damit verbundenen Risiken enge Grenzen gesetzt sind, können durch die Zusammenarbeit mit Strömungsrettern die Handlungsmöglichkeiten wesentlich erweitert werden.

Strömungsretter bei Arbeiten im fließenden Gewässer (Foto: Ralf Beyer)

Die DLRG oder die DRK Wasserwacht verfügen über entsprechend spezialisierte Wasserretter für fließende Gewässer und Überschwemmungsgebiete. Diese stellen im Verbund eine wertvolle Ergänzung dar. Sie werden in der Regel im Einsatz als SEG alarmiert und eingesetzt.

6.1 Einsatzmöglichkeiten

Mit „**Helfern, die im Wasser arbeiten**“ können die durch die Standardausrüstung gesetzten Grenzen für Arbeiten im Wasser erheblich erweitert werden:

Hochwasser

- Primärrettung aus überfluteten Gebieten
- Arbeiten in überfluteten Bereichen
- Absicherung aller Einsatzkräfte an der Einsatzstelle
- Evakuierungen in überfluteten Bereichen

Rettung

- Rettung aus fließendem Wasser
- Suche an und im fließenden Wasser
- Rettung aus durch Wasser schwer zugänglichen Bereichen
- Unterstützung von Bootseinsätzen in Gefahrenzonen

Strömungsretter beim Anschlagen von Bigpacks (Foto: Ralf Beyer)

Strömungsretter in starker Strömung (Foto: Ralf Beyer)

6.2 Organisation

Als kleinste Einheit setzt sich ein Strömungsrettertrupp aus mindestens drei Rettern zusammen.

Für einen effektiven Einsatz sollten mindestens zwei Trupps an der Einsatzstelle eingesetzt werden, die sich gegenseitig sichern und ablösen können.

Ein Strömungsretter darf niemals alleine ohne entsprechende Sicherung eingesetzt werden!

6.3 Ausrüstung

Strömungsretter sind mit spezieller PSA, Neoprenanzug, Helm und Wildwasserweste ausgestattet.

In Gruppenstärke werden Seile, Rettungsgerät und teilweise auch Raftboote für den Einsatz in fließendem Wasser mitgeführt.

7 Einsatzabbruch

Im Falle eines Sturzflutereignisses, das sich im Bereich von Extremniederschlägen bewegt, wie z.B. in Münster 2014, als 290 Liter Niederschlag pro m^2 in 5 Stunden gemessen wurden, bleibt oft nur die rasche Entscheidung für oder gegen die Fortsetzung des Einsatzes.

Durch die Schnelligkeit, mit der in der akuten Phase einer Sturzflut sich plötzlich die Lage verändert, eine Situation sich negativ entwickelt oder gefährlich wird, ist die Entscheidung zum Einsatzabbruch oder Rückzug hier viel öfter zu treffen als bei anderen Einsätzen.

Da diese Entscheidung nicht immer leicht zu treffen ist, sollte aber jeder, der in so einer Situation Verantwortung trägt, sich darüber im Klaren sein, dass ein Einsatzabbruch oder Rückzug eine normale situationsbedingte Maßnahme darstellt und kein Scheitern oder Versagen bedeutet.

Hinweis

- **Vor dem Einsatz im zugewiesenen Einsatzabschnitt klare Abbruchkriterien definieren und eine Person bestimmen, welche diese überwacht und den Rückzug anordnet.**

7.1 Rückzugskriterien

Mögliche Kriterien sind:

- Wasserspiegel oder Auflandung erreicht Marke X am Ufer,
- von oberhalb werden große Schwemmholzmengen gemeldet,
- mobile Maßnahmen drohen zu überströmen,
- Dämme beginnen zu überströmen,
- plötzlicher Rückstau,
- plötzliches Poltern oder Donnern flussaufwärts,
- drohendes Versagen von Hochwasserschutzeinrichtungen oder Bauwerken,
- drohender Böschungsbruch oder Erdrutsche,
- Strömungsgeschwindigkeit des Wassers nimmt stark zu, so dass ein sicheres Arbeiten nicht mehr möglich ist,
- eingeleitete Einsatzmaßnahmen haben keine Aussicht auf Erfolg oder zeigen keine Wirkung.

8 Vorgehen bei Erdrutschungen

Im Verhalten gegenüber Erdrutschgefahr hat, wie bei allen anderen Einsatzmaßnahmen auch, die eigene Sicherheit absoluten Vorrang.

Wichtig ist hier besonders das Sicherstellen von ungefährdeten Rückzugswegen. Insbesondere ist darauf zu achten, dass zusätzliche Gefahrenbereiche plötzlich auftreten und aktiv werden können.

Durch Starkniederschlag ausgelöster Hangrutsch (Foto: Ralf Rohrmoser von Glasow)

8.1 Anzeichen für eine mögliche Rutschung

- Anrisse, Spalten im Boden
- Geräusche (Gurgeln, Wassergeräusche)
- Wasseraustritte im Hang
- Oberflächenwasser, das konzentriert im Hang versickert
- Abbröckeln kleinerer Steine oder Erdklumpen (Achtung, akute Gefahr!)
- punktueller Austritt von Sedimenten an einzelnen Stellen

8.2 Beobachtung

Stufe: Gelb

- Beobachtungspunkte festlegen
- Prüfen, ob Objektschutzmaßnahmen vorsorglich eingeleitet werden können
- Weiterentwicklung intensiv beobachten
- Spezialisten hinzuziehen
- Anzeichen für Verschlimmerung der Situation sofort weitermelden
- Gegebenenfalls THW-Einsatzsicherungssystem anfordern

8.3 Intervention

Stufe: Orange

- Bewohner auffordern, den Bereich zu verlassen
- Gefährdete Straßen, Gebäude und Gebiete sperren
- Eventuell gefährdete Personen und Tiere evakuieren
- Nur wenn eigene Sicherheit gewährleistet ist, Wasserzufluss in den Bereich unterbinden

- Beim Schützen von Gebäuden und allen sonstigen Maßnahmen ist äußerste Vorsicht geboten
- Abbruchkriterien für Intervention festlegen und bestimmen, wer diese überwacht

THW und Feuerwehr bei Sicherungsarbeiten an einem Erdrutsch (Foto: THW OV Bonn)

8.4 Evakuierung Rückzug

Stufe: Rot

- Im Ausnahmefall gefährdete Personen und Tiere evakuieren
- Gefahrenbereich nicht mehr betreten
- Personaleinsatz auf das absolut notwendigste Maß reduzieren

- Nicht über andere Gefahrenbereiche evakuieren
- Sammelplatz muss klar festgelegt sein und sichergestellt, dass jede Einsatzkraft darüber informiert ist
- Evakuierung muss eventuell von Polizei begleitet werden
- Bei zu großer Eigengefährdung Einsatz sofort abbrechen und zurückziehen

Durch Auflastung mit Sandsäcken stabilisierter Hangrutsch (Foto: THW OV Bonn)

Hinweis

- **Jeder Erdrutsch hat seine individuellen Ursachen und Besonderheiten. Die Einsatzmaßnahmen müssen diese Besonderheiten berücksichtigen.**

9 Die Kraft der Strömung

Wie bei fast keinem anderen Extremwetterereignis sind die Einsatzkräfte besonders durch die Strömung der wild abfließenden Wassermassen gefährdet.

Dies beschränkt sich bei diesem Ereignistypus nicht nur auf die Gewässer wie Flüsse und Bachläufe. Eine Straße, die eben noch befahrbar war, kann sich auf Grund des Extremniederschlags und ihrer örtlichen Situation in ein alles mit sich reißendes Fließgewässer verwandeln.

9.1 Gefahren für Personen

Wenn möglich sind Arbeiten in der Strömung zu vermeiden, da Strömungsverhältnisse oder Sogwirkungen nicht abschätzbar sind. Vorsicht ist auch vor Hindernissen unter Wasser geboten. Sie können zu einer Erhöhung der Strömungsgeschwindigkeit führen.

Hinweis

- **Ab einer Wassertiefe von 0,60 m und einer Strömungsgeschwindigkeit von mehr als 1,5 m/Sek ist nur noch gesichertes Arbeiten möglich.**

Vorsicht in überfluteten Bereichen: Die Beschaffenheit des Untergrunds ist meist nur schwer abschätzbar. Zur Überprüfung des Untergrunds sollten Hilfsmittel wie Holzstöcke oder Fluchtstäbe verwendet werden.

Besonders gefährlich sind Kanalschächte, bei denen der Wasserdruck die Deckel verschoben hat; sie können zur tödlichen Falle werden.

Hinweis

- **Achtung beim Einsatz von Wathosen, diese sind bei Strömung lebensgefährlich!**

Je nach der örtlichen Einsatzsituation sollte oberhalb und unterhalb des strömenden Wassers eine Sicherung eingesetzt werden.

Die stromaufwärts eingesetzte Sicherungsperson hat die Aufgabe, die Einsatzkräfte vor Treibgut und einem Anschwellen der Flutwelle zu warnen.

Die stromabwärts eingesetzte Sicherungsperson stellt eine Absicherung für die eingesetzten Kräfte dar. Sie greift ein, falls sich die Lage anders als geplant entwickelt, eine Personenrettung notwendig werden sollte oder Einsatzkräfte abgetrieben werden.

Für diese Aufgabe sollten Strömungsretter bzw. Strömungsretterinnen von DLRG oder Wasserwacht mit ihrer speziell für diese Anforderungen geeigneten Ausrüstung eingesetzt werden.

9.2 Einwirkung auf Fahrzeuge

Wegtreiben ist vielleicht nicht so schlimm, aber man kontrolliert den weiteren Weg nicht mehr!

Der LKW wurde von einer durch Starkniederschlag ausgelösten Schlammlawine von der Straße geschwemmt (Foto: Ralf Rohrmoser von Glasow)

Wann schwimmt ein Auto?[5]

Pro 30 cm Fließtiefe werden 600-700 kg verschoben

50-60 cm fließendes Wasser schieben ein Fahrzeug weg

Bei Strömung ab 3m/Sek. reicht eine geringe Wassertiefe

[5] Quelle: Steve Waters, Flood Physics

Hinweis

- **Vorsicht: Nicht überall, wo vorher eine Straße war, ist unter Wasser auch noch eine.**

Unterspülte Straße beim Elbe-Hochwasser 2002 (Foto: THW Mediathek)

9.3 Einwirkung auf Gebäude

Bei Sturzflutereignissen werden bei Wohngebäuden überwiegend nur die Keller oder das Erdgeschoss überflutet.

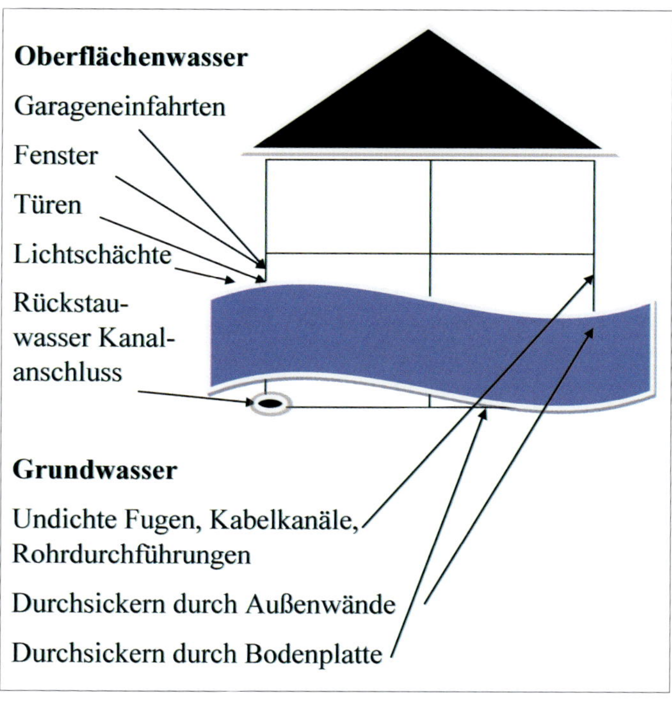

Eintrittswege von Wasser in ein Gebäude

10 Schäden an Gebäuden

In den meisten Fällen beschränken sich die Schäden auf durch das eingedrungene Wasser vernichtetes Inventar oder Installationen wie z.B. Heizungsanlagen. Eine besondere Schädigung sind die durch anströmendes Wasser verursachten Aus- und Unterspülungen. Dadurch kann die Stabilität des Gebäudes bis hin zur akuten Einsturzgefahr gefährdet sein.

Auch kann es vorkommen, dass durch das mit dem Wasser mitgeführte Treibgut wie Baumstämme und Geröll Hauswände, Fenster und Türen eingedrückt werden.

Bei im Haus oder außen an den Hauswänden abgelagertem Treibgut, Geröll oder Schlamm kann durch das Gewicht dieser Massen die Statik des Gebäudes gefährdet sein. In seltenen Fällen ist es auch schon durch die extrem überlastete Grundstücksentwässerung zu Ausspülungen mit Bildung von unterirdischen Hohlräumen gekommen. Hier sind besonders Drainagen und Regenwasserverrieselungsanlagen gefährdet.

Bei einer Sturzflut eingedrungenes Wasser fließt nach gefallenem Wasserspiegel im Außenbereich aus dem Gebäude (Foto: Ralf Rohrmoser von Glasow)

10.1 Einsatzmaßnahmen an Gebäuden

Während der akuten Phase einer Sturzflut sind Maßnahmen nur in noch nicht überfluteten Bereichen möglich. Hier kann nur im Vorfeld versucht werden, die Eintrittswege des Wassers abzudichten. Dies wird aber in den meisten Fällen wegen der zeitkritischen Abläufe nicht möglich sein.

Keinesfalls sollten Maßnahmen bei stark anströmendem Wasser durchgeführt werden, auch keine Erkundungen im Gebäude. Durch plötzlich eindringendes Wasser kann, wenn z.B. durch den Wasserdruck ein Fenster platzt, das Gebäude zur tödlichen Falle werden. Gegen das eindringende Wasser und den Wasserdruck lässt sich z.B. eine Tür nicht mehr öffnen.

In der akuten Phase sollten sich die Einsatzmaßnahmen auf die Menschenrettung beschränken.

Durch den Wasserdruck eingedrücktes Fenster (Foto: Ralf Rohrmoser von Glasow)

10.2 Pumparbeiten

Nach der akuten Phase eines Sturzflutereignisses müssen in den meisten Fällen in den betroffenen Gebäuden die Untergeschosse und Keller vom Wasser befreit werden. Dabei sind zur eigenen Sicherheit folgende Sicherheitsregeln zu beachten:

- Auf Grund der Plötzlichkeit eines derartigen Schadensereignisses ist in vielen Fällen keine Zeit geblieben, die Stromversorgung abzuschalten.

- Vor der Durchführung irgendwelcher Maßnahmen ist zu prüfen, ob eine Gefährdung durch elektrischen Strom ausgeschlossen ist.
- Hier hat sich bewährt, durch den Energieversorger den ganzen betroffenen Bereich oder Straßenzug während der Pumparbeiten vom Stromnetz trennen zu lassen.

Pumparbeiten (Foto: THW OV Siegburg)

10.2.1 Vorsicht bei Photovoltaik

Bei Häusern mit Photovoltaik-Anlagen besteht das Risiko eines Stromschlags oder einer Knallgasexplosion, solange Licht auf die Solarmodule der Anlage fällt und sich Wechselrichter sowie Anschluss an das Stromnetz im Keller oder anderen vom Wasser überfluteten Bereichen befinden.

Selbst wenn das Stromnetz abgeschaltet ist, stehen unabhängig hiervon Anschlusskasten und Wechselrichter der Photovoltaikanlage automatisch unter Spannung, sobald Licht auf die Solarmodule fällt.

Anders verhält es sich, wenn die Anlage über einen separaten Schalter ausgeschaltet werden kann, der sich in der Nähe des Solargenerators im nicht überfluteten Bereich befindet. Doch sollte man hier kein unnötiges Risiko eingehen. Nicht alle Anlagen sind mit einem solchen Schalter ausgestattet.

Ein weiteres Risiko dieser Anlagen bei einer Überflutung ist die Entstehung von Knallgas mit der entsprechenden Explosionsgefahr. Diese Gefahr besteht, wenn sich der Wechselrichter in einem geschlossenen Kellerraum befindet, der längere Zeit unter Wasser steht. Abhängig von der Sonneneinstrahlung können hier elektrolytische Vorgänge ausgelöst werden. Das heißt, dass dadurch Wasser in Wasserstoff und Sauerstoff aufgespalten wird. Die dabei entstehenden Gase sammeln sich in den schlecht gelüfteten Kellerräumen und ergeben ein explosives Knallgasgemisch.

Wenn hier dann noch eine Zündquelle hinzukommt, wird eine Explosion ausgelöst.

Hinweis

- **Generelle Empfehlung: Photovoltaikanlagen, deren Module nicht oberhalb der Überflutung abzuschalten sind, durch einen ausgebildeten Elektriker in der Nähe des Generators abschalten lassen.**

Hinweis

- **Beim Sinken des Wassers und vor Beginn der Pumparbeiten Zündquellen unbedingt vermeiden, die Räume sofort intensiv belüften und auf Explosionsgefahr überprüfen**

10.2.2 Statische Probleme durch Pumparbeiten

Je länger das eingedrungene Wasser im Gebäude steht, desto mehr wird die Bausubstanz geschädigt. Deswegen wird jeder Hausbesitzer darauf drängen, dass so schnell wie möglich alles leer gepumpt wird. Dies wird aber unter bestimmten Umständen statische Probleme verursachen, wenn z.B. rund um das Gebäude noch Wasser steht, sei es auf Grund der Lage des Gebäudes an einer tiefen Stelle im Gelände oder durch den angestiegenen Grundwasserspiegel. Das Auspumpen kann dazu führen, dass der zunehmende Wasserdruck von außen Wände beschädigt oder eindrückt. Auch kann die Gewichtsverringerung durch das Abpumpen den äußeren Wasserdruck auf die Bodenplatte so stark werden lassen, dass das Gebäude nach oben gedrückt wird.

Dasselbe Problem entsteht aber auch durch Ablagerungen von Schlamm, Geröll und Treibgut an den Hauswänden. Das im Haus befindliche Wasser erzeugt einen Gegendruck von innen auf die Hauswand und verhindert so, dass diese von den Erdmassen eingedrückt wird.

Die hier geschilderten Problemfälle sind zwar nicht der Regelfall, kommen aber doch gerade bei Sturzflutereignissen häufiger vor, weil Gebäude betroffen sind, die normalerweise nicht als hochwassergefährdet gelten.

Zu beachten ist auch, dass Probleme durch Grundwasser zeitlich versetzt auftreten können, da der Grundwasserspiegel langsamer und im Gegensatz zur oberflächlichen Überflutung mit Verzögerung ansteigt. Es ist durchaus möglich, dass Stunden oder Tage nach einem Sturzflutereignis plötzlich Schäden durch ansteigendes Grundwasser entstehen können.

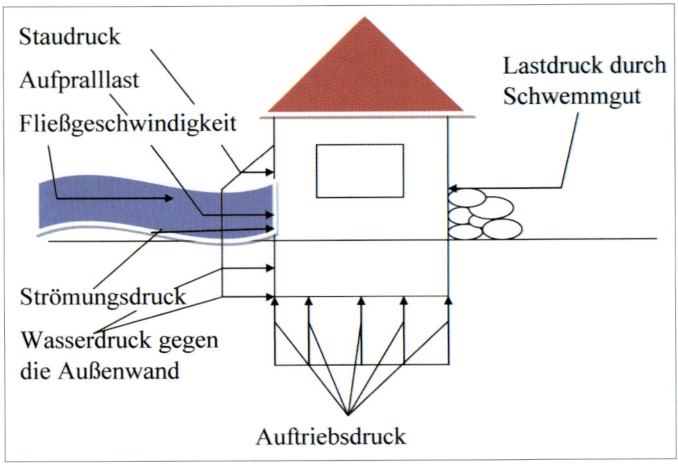

Kräfte infolge Hochwasser oder Grundwasser, die auf ein Gebäude einwirken

Durch diese Krafteinwirkungen können erhebliche Schäden an der Bausubstanz entstehen, insbesondere bei Gebäuden, welche nicht hierfür geplant oder gebaut wurden. Bei einer Sturzflut sind meist Gebiete betroffen, die außerhalb von hochwassergefährdeten Überschwemmungsbereichen liegen.

THW-Helfer und von einer Sturzflut betroffene Anwohner bei Aufräumarbeiten (Foto: Ralf Rohrmoser von Glasow

10.2.3 Heizungsanlagen mit Öltanks

Da bei einer Sturzflut Häuser in Bereichen betroffen sind, wo mit Überflutungen nicht gerechnet wird, sind die Heizungsanlagen auch nicht, anders als in potentiellen Hochwassergebieten, auf eine Überflutung der Kellerräume ausgelegt. Dadurch, dass eine Sturzflut in den meisten Fällen plötzlich und unerwartet auftritt, bleibt auch keine Reaktionszeit für schadensmindernde Maßnahmen.

Dringt Wasser in das Gebäude ein und sind die Heizöltanks nicht entsprechend gesichert, können diese aufschwimmen und umkippen. Dabei können Leitungen abgetrennt werden.

Abpumpen von Wasser kann auch zum Umkippen oder Beschädigen der Tanks führen. Vor dem Pumpen ist zu prüfen, ob Sicherungsmaßnahmen erforderlich sind. Schlimmstenfalls werden die Behälter durch den Wasserdruck eingebeult und undicht.

Das Wasser kann auch über nicht gesicherte Behälteranschlüsse und Rohrleitungsverbindungen oder über die Entlüftung, wenn deren Ausgang nicht hoch genug liegt, in den Behälter gelangen. Da Heizöl leichter als Wasser ist, wird es von dem eindringenden Wasser aus dem Tank gedrückt und gelangt dann in die umgebenden Räume. Dies führt nicht nur zu einem erheblichen Schaden am Gebäude, sondern stellt auch eine Umweltgefährdung dar.

In diesen Fällen kann das mit Öl kontaminierte Wasser nicht einfach abgepumpt werden. Hier muss die Vorgehensweise über die Einsatzleitung mit den zuständigen Umweltbehörden abgestimmt werden.

11 Objektschutz

Objektschutz kann in Abhängigkeit von Wasserhöhe und Strömungsverhalten improvisiert werden, mit dem Ziel, die anströmende Wassermenge zu vermindern oder abzuleiten.

Damit eine Maßnahme zum Objektschutz überhaupt umgesetzt werden kann, muss die Vorwarnzeit ausreichend sein. Vorwarnzeiten von weniger als 2 Stunden sind grundsätzlich ungeeignet, um ein Objekt vor Hochwasser noch zu sichern.

Um hier eine reelle Chance zu haben, ein Objekt gegen Hochwasser zu sichern, braucht man mindestens einen halben Tag oder mehr je nach Größe des zu sichernden Objektes.

Bei einem Starkniederschlags oder Sturzflutereignis stehen diese Zeiträume zum Reagieren in der Regel nicht zur Verfügung, so dass, wenn überhaupt, nur die Möglichkeit des punktuellen Eingreifens zur Schadensminderung bleibt.

Oft ist einzige Eingriffsmöglichkeit, den betroffenen Bereich zu evakuieren, um Menschen und Tiere zu retten.

Objektschutz mit Sandsäcken (Foto: Ralf Beyer)

Objektschutz mit Sandsäcken (Foto: Ralf Beyer)

11.1 Zeitbedarf

Bevor man sich für eine Maßnahme zum Objektschutz entscheidet, sollte überlegt werden, wie viel Zeit hierfür zur Verfügung steht. Dieser Zeit muss dann die maximale Aufbauzeit für die geplante Maßnahme gegenübergestellt werden, um auf dieser Grundlage eine Entscheidung für oder gegen die Maßnahme zu treffen. Aus folgenden Zeitfaktoren setzt sich die Eingriffszeit oder maximale Aufbauzeit zusammen:

Alarmierungs- und Ausrückezeit

Wegezeit

Zeitbedarf für Erkundung und Organisation

Zeitbedarf für Materialbereitstellung

Zeitbedarf zur baulichen Umsetzung

Eingriffszeit

Maximale Aufbauzeit

Zeitfaktoren für Eingriffszeit oder maximale Aufbauzeit

Ein weiterer entscheidender Faktor in diesem Berechnungssystem ist die Vorwarnzeit bis zur unmittelbaren schädlichen Wirkung des anströmenden Wassers. Aus folgenden Zeitfaktoren setzt sich die Vorwarnzeit zusammen:

Unwetterwarnung

Anstiegszeit des Wassers

Fließzeit, Strömungsgeschwindigkeit

Wege-Zeit des Wassers

Vorwarnzeit

Zeitfaktoren für Vorwarnzeit

Wenn das Wasser aber schneller oder höher kommt als angenommen, versagt das ganze System. All diese vorgenannten Berechnungsfaktoren können in einem Unwettereinsatz meist nur grob geschätzt werden, stellen aber dennoch eine Möglichkeit dar, die vorhandenen Kräfte und Mittel effektiver zu nutzen und einzusetzen.

Bei allem bleibt aber immer ein Maß an Unwägbarkeiten und Unvorhersehbarem.

Als grobe Faustformel sollte man z.B. die Wegezeiten für Einsatzpersonal und Material wegen der erschwerten Bedingungen durch Überschwemmungen oder Unwetterschäden um 50 % erhöhen.

Auch die Art des Gewässers hat Auswirkungen auf die Vorwarnzeit. Seen und größere Flüsse reagieren langsamer mit einem Pegelanstieg. Die Fließ- und Anstiegszeiten sind meist bekannt. Bei Bachläufen und Oberflächenabfluss sind die Fließ- und Anstiegszeiten in der Regel recht kurz und nicht bekannt.

11.2 Eingriffsmöglichkeiten am Objekt

Maßnahmen am Objekt werden grundsätzlich zur Verhinderung von Sachschäden durchgeführt. Personenschutz sollte kein Ziel der Maßnahmen sein. Der notfallmäßige Schutz von Personen sollte durch eine Evakuierung sichergestellt werden.

Auf Grund der kurzen Zeitspannen, die zum Reagieren bleiben, haben die eingesetzten Kräfte wenig bis gar keine Eingriffsmöglichkeiten, um Sachwerte und Umwelt zu schützen oder eine Schadensausbreitung zu verhindern. Auch sollte man bei den eingeleiteten Maßnahmen nicht das Ziel verfolgen, das anströmende Wasser ganz aufzuhalten. Eine Verminderung oder teilweise Ableitung des anströmenden Wassers kann in einer solchen Situation schon als Einsatzerfolg gewertet werden.

Schnelligkeit im Aufbau geht vor Dichtigkeit.

Aufbau von improvisierten Wassersperren (Foto: Ralf Beyer)

- Durch die Einsatzmaßnahmen darf sich das Risiko für andere Objekte oder Personen nicht erhöhen.
- Auf die Eigensicherung der eingesetzten Kräfte ist stets zu achten.
- Dies ist insbesondere durch eine genaue Erkundung vor der Einleitung von Einsatzmaßnahmen sicherzustellen.

11.3 Verschließen von Eintrittsöffnungen an einem Gebäude

Beim improvisierten Verschluss von Lichtschächten, Kellerfenstern, Türen und Toren kann man den entstehenden Wasserdruck für seine Zwecke nutzen. Mit Plastikfolie, Schaltafeln oder sonstigem geeignetem Material, wenn gefüllte Sandsäcke nicht schnell genug oder in ausreichendem Maße zur Verfügung stehen, kann hier das Wasser vom Eindringen zumindest teilweise abgehalten werden.

Vorgefertigte Folienabdichtung eines Kellerfensters (Foto: Ralf Beyer)

Der Druck des anströmenden Wassers presst dann die Folie oder die Schaltafel gegen die Öffnung und verhindert dadurch zumindest teilweise das Eindringen von Wasser ins Gebäude. Hier ist das Improvisationsgeschick des Gruppenführers sowie jedes einzelnen Helfers gefragt, mit den vor Ort vorhandenen Mitteln das Beste zu erreichen, um den Schaden zu mindern.

Abdichten eines Kellerfensters bei anströmendem Wasser (Foto: Ralf Beyer)

THW-Helfer beim Verschließen von Eintrittsöffnungen (Foto: Ralf Beyer)

Hinweis

- **Während der Arbeiten hat eine permanente Überwachung der hiermit verbundenen Risiken zur Eigensicherung zu erfolgen.**
- **Da es sich hier um improvisierte Maßnahmen handelt, muss jederzeit mit einem Versagen einzelner Abdichtungen gerechnet werden.**
- **Bei Dunkelheit erhöhen sich die Risiken und erschweren die Durchführung der vorgenannten Maßnahmen.**

11.4 Ableiten von anströmendem Wasser

Dieses Einsatzszenario tritt nicht nur bei bergiger, sondern auch in flacher Topographie auf. In urbanen Bereichen kann das Ableiten von Wasser infolge von Starkniederschlag und der damit verbundenen Überlastung der Kanalisation notwendig werden. Die Erfolgsaussichten sind besonders von einer genauen Erkundung abhängig, insbesondere von dem Bereich, in den das Wasser abgeleitet werden soll. Durch das Ableiten des Wassers dürfen möglichst keine zusätzlichen Gefahrenstellen entstehen oder andere Objekte geschädigt werden.

Der erfolgreiche, notfallmäßige Einsatz hängt auch in einem großen Maße von den lokalen Verhältnissen ab. Im Idealfall kann mit der provisorischen Maßnahme ein Abflusskorridor zu einem Vorfluter gebildet werden. Die Arbeiten sollten immer vom Objekt beginnend gegen die Strömung arbeitend ausgeführt werden.

Keinesfalls darf versucht werden, mit der Strömung oder vor dem anströmenden Wasser her zu arbeiten. Vorsicht ist auch beim Ableiten des Wassers über Hänge und Böschungen geboten. Es besteht die Gefahr, einen Hangrutsch auszulösen

Ableiten von anströmendem Wasser mit Sandsäcken (Foto: Ralf Beyer)

Hinweis

- **Arbeiten möglichst immer gegen die Strömung ausführen, nicht mit der Strömung oder versuchen, vor dem anströmenden Wasser her zu arbeiten.**

11.5 Risikozonen

Durch den Aufbau und Einsatz von improvisierten Wassersperren darf sich das Risiko für Personen nicht erhöhen. Um dies sicherzustellen, ist der gefährdete Bereich abzusperren. Nur das für die Arbeiten und Kontrolle der Wassersperren notwendige Einsatzpersonal darf sich hier aufhalten. Bei der Kontrolle sollte auf das frühzeitige Erkennen von Verschiebungen geachtet werden (horizontal, vertikal) sowie Beschädigungen, Verformungen, Undichtigkeiten oder Ähnliches.

Improvisierte Wassersperre kurz vor dem Versagen (Foto: Ralf Beyer)

Versagen einer improvisierten Wassersperre (Foto: Ralf Beyer)

Risikozonen sind Bereiche, in denen bei Versagen der Schutzsysteme eine Gefährdung für Personen besteht. Hier kann sich eine Flutwelle bilden, die in diesem Bereich aufgefangen wird oder in der sich das Wasser ausbreitet.

Als groben Anhalt können folgende Maße angenommen werden:

Anstauhöhe bis 0,60 m:	**3 m – 10 m Risikozone**
Anstauhöhe 0,60 m bis 1,20 m:	**10 m – 20 m Risikozone**
Anstauhöhe 1,20 m bis 2,00 m:	**20 m – 50 m Risikozone**

Die Anstauhöhe von 0,60 m bis 0,70 m sollte in der Regel bei einer improvisierten Wassersperre nicht überschritten werden. Alles was höher ist, kann auf Grund der kurzen Reaktionszeiten und den damit verbundenen höheren statischen Belastungen meist nicht realisiert werden. Bei allen Arbeiten in der Risikozone muss vorher jeder eingesetzte Helfer über Fluchtwege und Sammelpunkte informiert werden. Das Exit-Szenario sollte vor Beginn der Arbeiten von den eingesetzten Führungskräften klar definiert werden.

Hinweis

- **Es wird empfohlen, bei einer improvisierten Wassersperre gegen anströmendes Wasser die Anstauhöhe von 0,60 m nicht zu überschreiten.**

12 Überflutungen von Gebäuden

Ergänzend zu den bereits in Kapitel 10.1 gemachten Ausführungen gibt es noch einige Aspekte aus den Einsatzauswertungen, die nicht unerwähnt bleiben sollten.

12.1 Tiefgaragen und Keller: Reagieren und Vorgehen bei Menschen in Gefahr

Eine Sturzflut kann bei tiefer liegenden Bereichen eine Wirkung wie bei einem Dammbruch entfalten, so dass diese Bereiche innerhalb kürzester Zeit geflutet werden. Sind Kellerbereiche oder insbesondere Tiefgaragen betroffen, ist es in der Vergangenheit des Öfteren zu sehr gefährlichen Situationen bis hin zu Todesfällen gekommen, wenn Betroffene versuchten, ihre Fahrzeuge oder sonstige Wertgegenstände vor dem einströmenden Wasser zu retten.

In einigen Fällen wurden Personen in ihren Fahrzeugen in der Tiefgarage oder in Kellerräumen vom Wasser eingeschlossen. Solche Situationen sind für die Einsatzkräfte hochdramatische Einsatzlagen, die schnelle und spontane Entscheidungen erfordern, um sofortige Rettungsmaßnahmen einzuleiten.

Leider können die Eingriffsmöglichkeiten je nach der örtlichen Einsatzsituation recht begrenzt sein. Wichtig ist hier, einen kühlen Kopf zu bewahren und trotz des sich hier unzweifelhaft stark aufbauenden Handlungsdrucks kurz verschiedene Handlungsoptionen und Risiken gegeneinander abzuwägen, bevor man eine Entscheidung zur Vorgehensweise trifft.

Spontanität und Zeitdruck erhöhen erheblich das Risiko einer Fehlentscheidung!

Hinweis

- **Blinder Aktionismus und unüberlegtes Handeln erhöhen die Eigengefährdung und gefährden den Einsatzerfolg auch für die zu rettenden Personen.**

12.2 Eingriffsmöglichkeiten

Die hier genannten Möglichkeiten können nur ein Hinweis auf eventuelle Handlungsoptionen sein. Je nach objektspezifischen Eigenheiten und den vorhandenen Einsatzmitteln kann über die einzuleitenden Rettungsmaßnahmen entschieden werden.

Als erste Maßnahme sollte auf jeden Fall versucht werden, ein weiteres Eindringen von Wasser in die betroffenen Gebäudebereiche durch Ableiten oder Abdichten zu verhindern oder Öffnungen zu schaffen, damit eingedrungenes oder sich anstauendes Wasser ungehindert abfließen kann.

Gleichzeitig sollte ein massiver Pumpeinsatz zum Halten oder Senken des Wasserspiegels eingeleitet werden, damit der Wasserdruck auf eventuell in Räumen oder Fahrzeugen eingeschlossene Personen nicht weiter zunimmt. In den meisten Fällen wird aber die Zeit nicht ausreichen, um einen Pumpeinsatz als erfolgversprechendes Einsatzmittel zu sehen.

Von Sturzflut betroffene Kellerräume (Foto: Ralf Rohrmoser von Glasow)

Ein Vorgehen oder Eindringen in geflutete Bereiche in Tiefgaragen oder Gebäuden ist sehr gefährlich und stößt mit der vorhandenen Standardausrüstung (Wathosen) sehr schnell an seine Grenzen. Da diese Vorgehensweise sehr risikoreich ist, sollte diese, wenn überhaupt, nur zur Menschenrettung im äußersten Notfall angewendet werden.

Dabei ist immer zu bedenken, dass insbesondere bei massiv einströmendem Wasser die auftretenden Kräfte unberechenbar und unbeherrschbar sind. Der Rückweg kann jederzeit durch sich verkeilende aufschwimmende Möbelstücke oder vom Wasserdruck zugedrückte Türen versperrt werden. Das Gleiche gilt für Tiefgaragen. Hier kann der Rückweg durch aufschwimmende oder sich verschiebende ineinander verkeilende Fahrzeuge abgeschnitten werden. Dieser Risiken sollte man sich immer bewusst sein.

Auf jeden Fall sollte immer ein Rettungsteam in Bereitschaft sein, um bei gefährlichen Situationen für die eingesetzten Helfer sofort eingreifen zu können. Auch sollten so schnell wie möglich Spezialkräfte wie Strömungsretter und Bergungstaucher über die Einsatzleitung angefordert und zum Einsatz gebracht werden. Diese sind für solche Aufgaben ausgerüstet und ausgebildet.

Auf jeden Fall gilt es für den Einheitsführer in einer solchen Einsatzsituation, den Überblick zu behalten und zu versuchen, die bestehenden Gefährdungen richtig einzuschätzen, um mit richtigen, umsichtigen Entscheidungen die eingesetzten Helfer vor lebensgefährlichen Situationen zu bewahren.

Hinweis

- **Improvisieren heißt nicht, schnell irgendetwas zu machen, sondern sich überlegt und konzentriert auf eine Situation richtig einzustellen mit dem Ziel, diese zu beherrschen.**

12.3 Abschließende Anmerkungen

Menschenrettung bei einem Unwetterereignis ist eine absolute Ausnahmesituation. Allerdings werden diese Einsatzsituationen in Zukunft bei den derzeitigen Entwicklungen häufiger vorkommen.

Für diese Einsatzlagen Regeln oder Standards zu empfehlen, ist sehr schwierig bis unmöglich. Letztendlich hängt hier der Einsatzerfolg oder Misserfolg von den richtigen Entscheidungen zur richtigen Zeit, den möglichen Einsatzoptionen oder Eingriffsmöglichkeiten und den von den Naturkräften gesetzten Grenzen der Handlungsmöglichkeiten ab.

13 Beispiele für schnelle Improvisationen an der Einsatzstelle

Bei einer Sturzflut bleibt meist keine Zeit, die normalen Standardabläufe im Hochwasserschutz anzuwenden. Da Sandsäcke meist nicht in der zur Verfügung stehenden Eingriffszeit vor Ort sind, muss wenn möglich mit den vorhandenen Mitteln der Schaden gemindert oder im besten Fall verhindert werden. Das gleiche gilt für improvisierte Maßnahmen zur Gefährdungsabschätzung und Lagebeurteilung.

Bei allem muss aber immer bedacht sein, dass es sich hier um Improvisationen handelt, die aus einer akuten Notlage heraus angewendet werden. Diese Maßnahmen weisen nicht die Stabilität und Langlebigkeit einer Standardvorgehensweise wie etwa bei der Deichverteidigung auf. Sie sind vielmehr nur für den kurzen Zeitraum des Durchlaufs einer Flutwelle bei einer Sturzflut gedacht und ausgelegt.

13.1 Improvisiertes Messen der Strömungsgeschwindigkeit zur Gefährdungsabschätzung

1 m/s entspricht etwa der Geschwindigkeit einer gehenden Person.

Die Messung sollte folgendermaßen durchgeführt werden:

Ein schwimmender Gegenstand (Holzstück, Blatt Papier oder ähnliches) wird ins Wasser geworfen und man läuft parallel dazu.

Geschwindigkeiten ca.:

- Gehen 1,0 m/s
- Wandern 1,3 m/s
- Schnell gehen 1,5 m/s
- Joggen 3,0 m/s
- Fahrradfahren 5,0 m/s

So kann man einen ungefähren Anhalt zur Strömungsgeschwindigkeit bekommen.

13.2 Improvisierte Verformungsmessungen bei Rutschungen

Um Veränderungen bei Verformungen in Hängen oder Böschungen feststellen zu können, gibt es Möglichkeiten für improvisierte Messungen. Zur Erfassung einer Bewegung an einer Stelle sind Fixpunkte erforderlich. Mit einem Netz aus Drähten oder Schnüren können diese erstellt werden.

Über den betroffenen Bereich werden die Drähte oder Schnüre gespannt, deren Schnittpunkt sollte an der zu beobachtenden Stelle liegen. Die zu beobachtende Stelle wird nun entsprechend markiert, mittels Sandsack, Nagel, Holzpflock oder Ähnlichem. Durch die Veränderungen zwischen der Markierung und dem Draht oder Schnurnetz können nun die Bewegungen festgestellt werden.

Die Länge der Drähte oder Schnüre muss so bemessen sein, dass die Befestigungspunkte sich außerhalb des sich verformenden Bereiches befinden. Die Drähte oder Schnüre können beispielsweise an Bäumen, Pflöcken oder Sandsäcken befestigt werden.

Bei größeren betroffenen Bereichen sollte aber auf jeden Fall das THW-Einsatzsicherungssystem zum Einsatz kommen, allein schon aus Gründen der Eigensicherung und der größeren Messgenauigkeit.

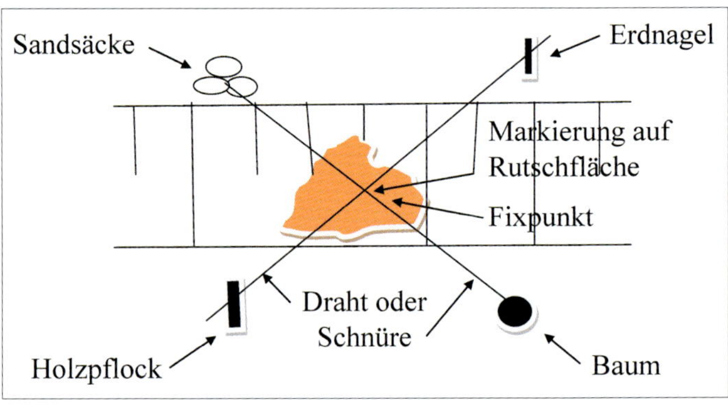

Improvisierte Verformungsmessung bei Rutschungen

13.3 Improvisierte Wassersperren

Es ist oft nicht möglich, das Wasser aufzuhalten, sondern hier kann meistens nur der Schaden gemindert werden, indem die anströmende Wassermenge durch Ableiten verringert wird oder Sedimente und Geröll sowie sonstiges Treibgut davon abgehalten wird, in ein Gebäude einzudringen.

13.4 Wasser mit Holzbohlen ableiten

Improvisierte Wassersperre mit Holzbohlen (Foto: Ralf Beyer)

Wie in der Abbildung unschwer zu erkennen ist, wird das anströmende Wasser nur zum Teil abgeleitet, eine geringe Menge fließt immer noch in der bisherigen Fließrichtung. Um die durchströmende Wassermenge noch weiter zu verringern, kann in einem geringen Abstand eine zweite Sperre gleicher Art gesetzt werden. Die maximale Anstauhöhe liegt bei der Verwendung von Holzbohlen bei ca. 20 cm.

Improvisierte, doppelte Wassersperre (Foto: Ralf Beyer)

Als weitere Variante kann auch Folie als zusätzliche Abdichtung verwendet werden. Allerdings ist der Einbau bei anströmendem Wasser sehr schwierig und auch zeitaufwändig. Deswegen sollte man situationsbedingt über die Verwendung entscheiden, abhängig von Strömungsgeschwindigkeit und Wasserhöhe.

Außerdem muss beachtet werden, dass sich der Wasserdruck auf die Sperre durch den zusätzlichen Einsatz von Folie erhöht. Als Widerlager können Materialien wie Steine, Sandsäcke oder sonstiges, das im Moment zur Verfügung steht, genommen werden.

Improvisierte Wassersperre mit Holzbohlen und Folie (Foto: Ralf Beyer)

13.5 Wasser ableiten mit Feuerwehrschläuchen

Eine weitere Möglichkeit ergibt sich durch den Einsatz von gefüllten B-Schläuchen, wobei der Einsatz eines Schlauches nur eine geringe Anstauhöhe von ca. 8 cm bringt, allerdings in einem gewissen Umfang Sedimente und sonstige Verunreinigungen zurückhält.

Improvisierte Wassersperre aus B-Schlauch (Foto: Ralf Beyer)

Eine größere Anstauhöhe bis ca. 18 cm kann erreicht werden, indem drei Schläuche miteinander gebündelt werden. Dazu müssen drei Schläuche über einen Verteiler mit Wasser gefüllt werden und dann mit Bindeleinen oder Spanngurten zusammen gebündelt werden.

Das Schlauchpaket ist nur noch schwer zu bewegen. Die Schläuche müssen daher vor dem Bündeln bereits so in der Örtlichkeit verlegt werden, dass ein Verschieben nicht mehr notwendig ist.

Mit dieser Schlauchbündelung lassen sich Schlamm, Geröll und sonstige Verunreinigungen recht gut aufhalten und von dem strömendem Wasser trennen.

Binden von Schlauchbündel für improvisierte Wassersperre (Foto: Ralf Beyer)

Improvisierte Wassersperre aus Schlauchbündel (Foto: Ralf Beyer)

13.6 Wassersperren aus Paletten

Paletten eignen sich hervorragend für Wassersperren, da mit ihnen in Verbindung mit Folie eine recht stabile Sperre bis ca. 70cm Anstauhöhe errichtet werden kann. Diese Variante wird in einem Industriegebiet in der Regel schnell zu improvisieren sein, da Paletten und Verpackungsfolie hier meistens vor Ort verfügbar sind.

Improvisierte Wassersperren aus Paletten (beide Fotos: Ralf Beyer)

Da diese Sperren je nach Untergrund oder bei geeignetem Widerlager (Bordsteinkante o.ä.) recht stabil sind, lässt sich damit ein Objekt punktuell gegen eine Flutwelle sichern. Schwachstellen am Objekt wie Eingänge, Türen und Hallentore können gegen die Anprallwucht einer Flutwelle gesichert werden, so dass diese nicht eingedrückt werden und eine ungehinderte Flutung des Objektes vermieden wird.

Improvisierte Wassersperre aus Paletten zum Schutz des Hauseingangs (Foto: Ralf Beyer)

Wichtig ist, darauf zu achten, dass die Folie zum anströmenden Wasser hin so beschwert wird, dass sie nicht aufschwimmen kann und vom Wasser weggedrückt wird. Hierzu können Steine oder ähnliches verwendet werden. Holzbohlen oder Kanthölzer sind nicht geeignet, da sie mit dem Wasser aufschwimmen.

14 Krisenkommunikation mit Betroffenen

Die Erfahrungen der vergangenen Ereignisse haben gezeigt, dass der Kommunikation mit der betroffenen Bevölkerung besondere Aufmerksamkeit geschenkt werden muss.

Hierbei ist bei einem Sturzflutereignis zu bedenken, dass durch die Plötzlichkeit des Ereignisses viele Betroffene sich in einer Ausnahmesituation befinden.

Durch die Auswirkungen der Naturgewalten können von einem Moment auf den anderen ganze Existenzen gefährdet oder vernichtet werden.

Gerade durch die neuen sozialen Medien können sich Meldungen über Notfälle in kürzester Zeit bei einem breiten Publikum verbreiten.

Vom Hochwasser betroffene Anwohner versuchen in Selbsthilfe Gebäude zu sichern (Foto: Ralf Beyer)

Technischer Berater Hochwasserschutz und Deichverteidigung des THW im Dialog mit den Anwohnern (Foto: Ralf Beyer)

Fehlende Information der betroffenen Bevölkerung kann zu großer Unsicherheit und möglicherweise Fehlverhalten führen. Gerade vor dem Hintergrund, dass nicht allen Betroffenen sofort und gleichzeitig geholfen werden kann, ist ein Dialog zwischen den eingesetzten Kräften und den Betroffenen über die eingeleiteten Maßnahmen von besonderer Wichtigkeit. In der Vergangenheit ist es verschiedentlich durch mangelnde Kommunikation zur Durchführung von Maßnahmen der betroffenen Bevölkerung gekommen, die dann durch die Einsatzkräfte mit erheblichem Aufwand wieder zurückgebaut werden mussten.

Auf solche Fehlentwicklungen ist besonders zu achten und rechtzeitig entgegenzuwirken. Die vor Ort eingesetzten Führungskräfte müssen zuerst den Dialog suchen, um nicht direkt mit ordnungsbehördlichen Maßnahmen reagieren zu müssen. Keinesfalls sollte in einer emotional aufgeladenen, für die betroffene Bevölkerung sehr schwierigen Situation der Dialog vernachlässigt werden.

Falls Konflikte sich auf diese Weise nicht vermeiden lassen, ist die Problembewältigung auf jeden Fall Aufgabe der zuständigen Ordnungsbehörden mit den entsprechenden Eingriffsbefugnissen wie Ordnungsamt oder Polizei.

Am besten ist, wenn sich an der Einsatzstelle durch den Dialog miteinander ein „Wir-Gefühl" zwischen Betroffenen und Einsatzkräften einstellt auf der Grundlage von gegenseitigem Verständnis – für die Einsatzmaßnahmen und die Interessen der Betroffenen. In diesem Falle wird wahrscheinlich, selbst bei einem Misserfolg oder Einsatzabbruch, die zu erwartende Kritik durch die betroffene Bevölkerung wesentlich geringer sein.

Kurz gesagt: Man gewinnt zusammen und man verliert zusammen.

15 Extremes Ansteigen kleiner Wasserläufe

Art und Umfang der Überflutungen als Folge der Ausuferungen kleiner Wasserläufe durch ein Starkniederschlagsereignis hängen vom Gelände, der Niederschlagsmenge und von der Eigenart des Gewässers ab.

Ist ein Gebiet bereits überflutet, sollten sich die Maßnahmen auf die Menschenrettung beschränken. Ob Schutz-, Bergungs- oder Räumungsarbeiten möglich sind, wird von den örtlichen Verhältnissen und der jeweiligen Lagesituation abhängen. Dabei sind alle Faktoren zu berücksichtigen, die einen Einfluss auf die zu treffenden Maßnahmen haben können.

Die Hauptpriorität muss sein, die drohende oder bereits eingetretene Wirkung des Wassers einzudämmen oder abzulenken. Dadurch soll ein Zerstören von Humusschichten durch Wegspülen oder Ablagern von Sand und Geröll und die Gefährdung von Objekten durch direkten Anprall des Wassers und des darin schwimmenden Treibgutes verhindert werden. Auch sollen Unterspülungen verringert oder verhindert werden.

Es ist daher wichtig, dass die notwendigen Vorsorge- oder Schutzmaßnahmen rechtzeitig vorbereitet und dann zeitnah zweckentsprechend ausgeführt werden. Eine vorherige einwandfreie Abwägung und Klärung der in Betracht kommenden Möglichkeiten erspart kraft- und zeitraubende Arbeiten, die mitunter nicht zum Erfolg führen.

Ausufernder, kleiner Wasserlauf nach Starkniederschlag (Foto: Ralf Rohrmoser von Glasow)

15.1 Uferschutz

Durch Ausspülung, Unterspülung und Bildung von Auskolkungen können Gebäude, Brücken und Verkehrswege beschädigt oder zum Einsturz gebracht werden. Als erste Maßnahme sollte daher nach Möglichkeit mit einem behelfsmäßigen Uferschutz ein weiteres Einwirken des Wassers an solchen Stellen verhindert werden.

Auskolkungen können durch mehrere Methoden wirksam unterbunden werden. Wegen der zeitkritischen Abläufe bei einer Sturzflut bleibt hier – wenn überhaupt – nur als schnelle Reaktion das Ausfüllen der Kolke mit Sandsäcken oder Steinen.

Bei starker Strömung sind Steine den Sandsäcken vorzuziehen, vorausgesetzt, dass entsprechend große Steine zur Verfügung stehen und verwendet werden können. Weitere Sicherungsarbeiten an Objekten und am Uferbereich sind erst nach dem ersten behelfsmäßigen Schutz der Ufer in Angriff zu nehmen.

Auffüllen einer Auskolkung vor einem Brückenwiderlager durch THW-Helfer mit Sandsäcken (Foto: THW OV Siegburg)

Hinweis

- **Vorsicht: Uferabbrüche können plötzlich und ohne Vorwarnzeichen auftreten.**

15.2 Schutzmaßnahmen an Brücken

Die hier beschriebenen Maßnahmen zur Brückensicherung sind teilweise nur an kleineren Brücken bei plötzlich anschwellenden Gewässern anwendbar. Die akute Situation sowie die Bauart der Brücke sind für die einzuleitenden Maßnahmen ausschlaggebend.

Der Eigenschutz der eingesetzten Helfer hat Vorrang bei allen Einsatzmaßnahmen oder einsatztaktischen Entscheidungen.

Die Gefährdungen einer Brücke können Ausspülungen an den Endunterstützungen und Wiederlagern sein. Diese können durch Vorlegen von Sandsäcken oder einer Steinschüttung vor den oberstromliegenden Teil des Brückenendes oder Widerlagers und des anschließenden Ufers gesichert werden.

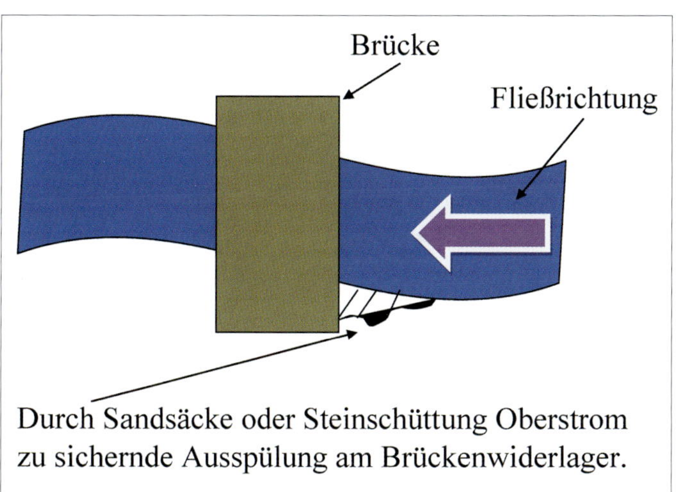

Schutzmaßnahme an Brücke

Dieselbe Methode kann auch bei Unterspülungen von Brückenpfeilern angewendet werden, hier beginnend mit einer Sandsack- oder Steinschüttung stromaufwärts – immer vorausgesetzt, man hat überhaupt diese Eingriffsmöglichkeit ohne zu große Eigengefährdung.

Eine weitere Gefahr stellt bei steigendem Wasserstand das Aufschwimmen insbesondere von Holzbrücken dar. Bis zu einem gewissen Grad kann dies durch entsprechende Auflast z.B. mit Sandsäcken verhindert werden.

Auflastung einer Brücke mit Sandsäcken zum Schutz gegen Aufschwimmen (Foto: THW OV Biedenkopf)

Eine weitere Möglichkeit der Stabilisierung gegen den Strömungsdruck ist eine Uferverankerung mit Stahlseilen. Die Sicherung kann auch durch Greifzüge erfolgen. Dabei sind die Seile möglichst hoch zu befestigen und soweit wie möglich stromaufwärts zu verankern.

Es ist darauf zu achten, dass die Seile nicht ins Wasser hängen, da ansonsten die Gefährdung für die Brücke vergrößert wird. Der Abbau der Brückengeländer kann hilfreich sein, um

Treibgutansammlungen zu verhindern, die den Strömungsdruck auf die Brücke erhöhen würden.

Mit Auflast und Seilabspannung gesicherte Brücke (Foto: THW OV Biedenkopf)

Befestigung der Seilabspannung an der Brücke (Foto: THW OV Biedenkopf)

Bei den vorweg beschriebenen Vorgehensweisen ist es empfehlenswert, einen THW-Baufachberater in die zu treffenden Entscheidungen und Einsatzmaßnahmen mit einzubinden.

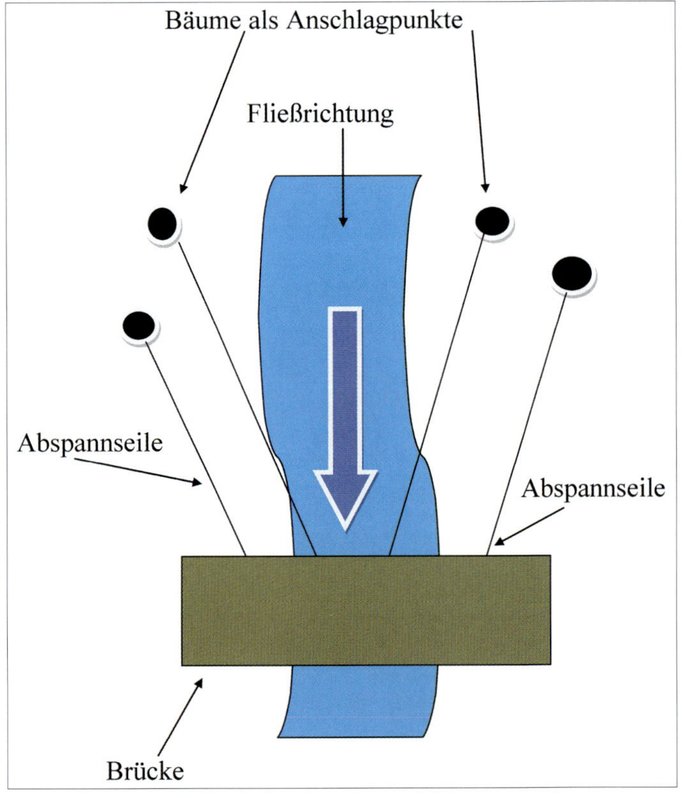

Brückensicherung mit Seilspannung

16 Maßnahmen bei Abflusshindernissen

An Querschnittsverengungen im Fließgewässer bei Brücken, Wehren und sonstigen Bauwerken kann es durch Treibgut zu Verklausungen kommen. Durch das angeschwemmte, sich vor die Bauwerke legende Treibgut kann z.B. eine Brücke gefährdet sein.

Als erste Eingriffsmöglichkeit bietet sich an, in der akuten Phase einer Sturzflut, bei steigendem Wasserstand und zunehmender Strömungsgeschwindigkeit, von sicheren Standorten am Ufer oder auf dem Bauwerk das Treibgut abzulenken oder zu entfernen.

Vom Ufer oder z.B. einer Brücke aus kann mit Stangen, Einreißhacken oder Wurfankern nachgeholfen werden, damit das Schwemmgut sich nicht aufstaut, sondern abfließen kann. Dies ist aber nur solange möglich, wie die Eigengefährdung nicht zu groß wird. Wenn z.B. eine Brücke oder eine Wehranlage unmittelbar gefährdet sind, können diese nicht mehr betreten werden.

Hinweis

- **Vorsicht: Durch vorgelegtes Treibgut und den damit auf die Bauwerke wirkenden Wasserdruck sind diese akut gefährdet und können plötzlich ohne Vorwarnzeichen wegespült werden oder einstürzen!**

Angestautes Treibgut vor einer Wehranlage (Foto: THW-Mediathek)

16.1 Beseitigen von angestautem Treibgut

Beim Freimachen von angestautem Treibgut ist anzustreben, dass nicht die gesamte Anstauung gleichzeitig frei wird. Die ansonsten abfließende, geschlossene Masse würde stromabwärts gelegene Ufer und Objekte gefährden.

Hat sich stromaufwärts vor einem Bauwerk oder Hindernis Treibgut angesammelt, so ist dies zunächst zu lockern. Hierzu eignet sich am besten der Einsatz eines Baggers, sofern dieser kurzfristig verfügbar ist und die örtlichen Gegebenheiten an der Einsatzstelle dies ermöglichen. Solange keine absehbare Gefahr besteht, können diese Arbeiten auch z.B. von einer Brücke ausgeführt oder unterstützt werden.

Nach dem vorsichtigen Lockern des Treibgutes sollten dann nach Möglichkeit als erstes größere Teile der angestauten Masse aus der direkten Strömung entfernt werden, um möglichst schnell den Staudruck zu verringern. Dies ist insbesondere dann anzustreben, wenn der Wasserdruck und die Strömungsgeschwindigkeit noch weiter zunehmen.

Der Einsatz von Baggern oder sonstigen Baumaschinen ist abhängig von der örtlichen Situation sowie Art und Gewicht des Treibgutes.

Verklausung an einer Brücke (Foto: THW-Mediathek)

16.2 Einsatz von Seilwinden und Kränen

Der Einsatz von Seilwinden und Kränen ist mit einigen Risiken verbunden, die im Vorfeld abzuwägen und zu klären sind.

Ein erstes, meist unüberwindliches Problem ist, dass das Anschlagen des Treibgutes (Baumstämme oder ähnliches) in der Strömung wegen zu großer Eigengefährdung schlicht unmöglich ist. Ein Betreten der Schwemmmassen ist nach Möglichkeit zu vermeiden oder sollte nur unter entsprechender Absicherung im Ausnahmefall und nach genauer Abwägung aller damit verbundenen Risiken erfolgen.

Als weiteres Problem sind die auftretenden Kräfte unberechenbar. Wenn z.B. ein aus dem Wasser ragender Baumstamm am Kran oder an der Seilwinde angeschlagen ist und es sich dann beim Anziehen herausstellt, dass unter Wasser noch der gesamte Wurzelteller am Stamm hängt, kann dies, wenn das Treibgut in Bewegung gerät, zu unabsehbaren gefährlichen Situationen führen.

Zu bedenken ist auch, dass, wenn der Baumstamm einmal am Kran oder der Seilwinde angeschlagen ist und die Seile unter Last stehen, sich diese nicht mehr von der Last trennen lassen.

Deswegen ist dieses alles vor einem Kraneinsatz abzuwägen und zu berücksichtigen. Ansonsten besteht durchaus die Gefahr, dass das angeschlagene Treibgut den Kran zum Umstürzen bringt.

Beim Einsatz einer Seilwinde unter starker Strömung sind Winden zu verwenden, bei denen das Windenseil unter Last aus der Winde abspulen kann, am Seilende bei Überlast einen Scherbolzen abschert oder das Seil einfach ausläuft und so die Winde vom Windenseil mit der angehängten Last getrennt werden kann. Ansonsten besteht die Gefahr, dass das Fahrzeug im Extremfall von der nicht zu trennenden Last an der Seilwinde durch die Strömung ins Gewässer gezogen wird.

THW-Seilwinde beim Beseitigen von Treibgut (Foto: THW-Mediathek)

Aus diesem Grunde sind die an den THW-Gerätekraftwagen und den Rüstwagen der Feuerwehr verwendeten Winden hier meist nicht einsetzbar, da diese bauartbedingt nicht über eine solche Funktionsweise verfügen.

Dies heißt nicht, dass diese Winden für alle hier vorkommenden Szenarien nicht einsetzbar sind, aber man sollte vor einem Windeneinsatz die vorgenannten Risiken genau bedenken und im Zweifel den Einsatz der Fahrzeugwinde, bei starker Strömung und den damit verbundenen unberechenbaren Zugkräften, ablehnen.

Am besten eignen sich Forstschlepper mit größeren Windenleistungen, Seillängen und den oben beschriebenen Funktionsweisen.

16.3 Einsatz von Booten

Die Beseitigung von Abflusshindernissen im Gewässer von Booten aus wird in den seltensten Fällen durchführbar sein, zumal die meisten bei einer Sturzflut betroffenen Gewässer zu klein für den Einsatz eines Bootes sind.

Die bei einer Sturzflut auftretenden starken Strömungen, das im Wasser mitgeführte Treibgut sowie die ständig sich ändernde Lage auf Grund der zeitkritischen Abläufe können den Bootseinsatz zu einer gefährlichen Angelegenheit machen.

In den meisten Fällen wird, wenn überhaupt, nur die Möglichkeit bestehen, kleinere tragbare leichte Boote einzusetzen, da bei den von einer Sturzflut betroffenen kleineren Gewässern meist wenig Platz im Uferbereich ist, keine Slipmöglichkeiten vorhanden sind und die Zugangsmöglichkeiten oft beengt sowie begrenzt sind.

THW-Boot im Hochwassereinsatz (Foto: THW-Mediathek)

Des Weiteren sollte beachtet werden, dass bei einem Bootseinsatz unter beengten Verhältnissen in der Strömung eines kleineren Gewässers wenig oder kein Platz zum Ausweichen vor Treibgut bleibt.

Hier sollte auf jeden Fall ein Vorwarner Oberstrom eingesetzt werden, der vor Treibgut warnt. Dies muss soweit Oberstrom erfolgen, dass der Bootsbesatzung noch genug Zeit bleibt, um auf eine Warnung auch entsprechend reagieren zu können. Auf jeden Fall sollte ein zweites Boot an der Einsatzstelle als Sicherungsboot mit eingesetzt werden, oder am Ufer so in Bereitschaft gehalten werden, dass die schnelle Verfügbarkeit sichergestellt ist.

Beim Beseitigen von Treibgut und sonstigen Abflusshindernissen sind vor der Durchführung von Maßnahmen mit Bootseinsatz die Risiken zu prüfen und genau abzuwägen, ob eine Durchführbarkeit auf Grund der Eigengefährdung möglich ist.

Es ist immer eine genaue vorherige Erkundung zur Abwägung aller möglichen Risiken durchzuführen. Im Zweifel ist der Einsatz von Booten wegen zu großer Eigengefährdung zu unterlassen.

17 Einsatz der THW-Fachgruppe Sprengen zum Beseitigen von Abflusshindernissen und Verklausungen

Die Beseitigung von Abflusshindernissen und Verklausungen durch Sprengen ist eine weitere Einsatzoption die im Bedarfsfall auf Anforderung der Einsatzleitung zur Verfügung steht. Hierbei sind im Vorfeld einige Dinge zu beachten.

Die Einsatzoptionen einer THW-Fachgruppe Sprengen bei einer Hochwasserlage gliedern sich wie folgt in:

- **Sprengen von Bauwerken und Bauwerksteilen**
  - Sprengen von Deichen
  - Sprengen von Wehren
- **Allgemeine Sprengarbeiten**
  - Sprengungen von Verklausungen
- **Eissprengungen**

Abhängig von der Lage muss der Einsatz einer Fachgruppe Sprengen durch weiteres Personal von Bergungs- oder weiteren THW-Fachgruppen unterstützt werden. Die materielle und personelle Ausstattung reichen in der Regel nicht immer aus.

17.1 Einsatzsprengungen

Einsatzsprengungen dienen der Beseitigung von Gefahren für Leben und Gesundheit von Mensch und Tier oder zum Erhalt bedeutender Sachwerte sowie zum Schutz kritischer Infrastrukturen. Sie können als Einzelmaßnahme oder als Teilaufgabe eines Gesamtauftrages notwendig werden.

Sie sind technische Hilfeleistungen und sind als Einsatzaufgabe im Katastrophenschutz dem THW zugeordnet.

17.2 Anordnung von Einsatzsprengungen

Die Anordnung einer Einsatzsprengung ist zur Vorbereitung und Durchführung zwingend erforderlich.

Sie kann durch die für die Gefahrenabwehr zuständigen Behörden wie Kreisverwaltung, Polizei und Gemeinde, den Krisenstab, die Technische Einsatzleitung oder durch das THW im Rahmen eines übertragenen Auftrages erfolgen.

17.3 Genehmigung von Einsatzsprengungen

Die Dringlichkeit einer Einsatzsprengung lässt ein normales Antrags- und Genehmigungsverfahren in der Regel nicht zu. Die Genehmigung erfolgt in diesen Fällen mündlich durch die Aufsichtsperson Sprengwesen des zuständigen THW-Landesverbandes.

Die Aufsichtsperson Sprengwesen bewertet die vorgetragene Gefahrensituation und entscheidet über den Sprengantrag und erteilt auf dem Dienstweg eine Sprenggenehmigung; ebenso kann sie Sprenganträge ablehnen oder Sprengungen untersagen.

THW-Sprengberechtigter beim Vorbereiten einer Sprengung (Foto: THW-Mediathek)

17.4 Durchführung einer Sprengung

Bei jeder Sprengung durch das THW trägt der leitende THW-Sprengberechtigte die Verantwortung. Er ist verantwortlich für:

- Vorbereitung und Durchführung der Sprengung
- Koordination der beteiligten Sprenggehilfen
- Einhaltung der Sicherheitsbestimmungen

- Ermittlung von Gefährdungen
- Festlegung von Schutzmaßnahmen

Der leitende Sprengberechtigte ist an der Einsatzstelle, soweit es die Durchführung der Sprengung betrifft, allen anderen Personen gegenüber weisungsbefugt.

17.5 Sprengen bei Sturzflutereignissen – Die Zeit läuft gegen uns

Zunächst lässt sich sagen, dass Sprengungen ein probates Mittel bei der Hochwasserbekämpfung sind. Durch die vorangegangenen Ausführungen könnte nun der Eindruck entstehen, dass bedingt durch die ganzen Regularien und Entscheidungsprozesse eine Sprengung bei einem Sturzflutereignis auf Grund der zeitkritischen Abläufe nicht durchführbar ist. In der Praxis hat sich aber bewiesen, dass hier sehr wohl schnelle Abläufe möglich sind, wenn vor Ort in der Einsatzleitung entsprechend frühzeitig vorausschauend gehandelt und entschieden wird.

Selbstverständlich benötigt die Vorbereitung einer Sprengung Zeit, aber bei einer frühzeitigen Beteiligung von Fachberater und Sprengberechtigten bei den entsprechenden Einsatzszenarien ist Sprengen durchaus eine mögliche Einsatzoption.

Wenn es sich bei entsprechenden Einsatzlagen abzeichnet, dass bei einer Verschlimmerung der derzeitigen Situation keine anderen Eingriffsmöglichkeiten mehr bleiben oder die bisherigen Maßnahmen erfolglos sind, sollte die Einsatzleitung rechtzeitig diese Einsatzoption vorplanen. Wenn eine Lage plötzlich eskaliert, sich das Wasser bei einer Verklausung zurückstaut oder das Hindernis überströmt wird, bleibt wenig Zeit zum Handeln.

Die Anforderung einer Fachgruppe Sprengen bedeutet nicht zwingend, dass auch tatsächlich gesprengt wird. Wenn allerdings rechtzeitig angefordert wird und diese entsprechende Handlungsoption vor Ort (z.B. im Bereitstellungsraum) kurzfristig verfügbar ist, ist man im Bedarfsfalle auch handlungsfähig.

17.6 Die Sprengung als „öffentliches Ereignis“

Jede Sprengung zieht Medien und Zuschauer an. In der Regel erfolgt die Information der Presse und der betroffenen Bevölkerung durch die entsprechende Pressestelle der Einsatzleitung oder des Krisenstabes.

Da bei einem Sturzflutereignis sehr schnelle Entscheidungen und Abläufe charakteristisch sind, kann es sein, dass Informationen nicht schnell genug weitergegeben oder nicht alle relevanten Stellen rechtzeitig umfassend informiert werden. Dies kann gerade dann, wenn bekannt wird, dass eine Fachgruppe Sprengen im Bereitstellungsraum steht, wie bei vergangenen Einsätzen bereits vorgekommen, zu den wildesten Spekulationen und Vermutungen führen.

Hier ist besonders darauf zu achten, dass die verantwortliche Pressebetreuung immer umfassend informiert ist, damit Fehlinterpretationen und Spekulationen rechtzeitig vermieden werden können.

18 Maßnahmen zur Verringerung der Durchflussmengen bei kleineren Fließgewässern

Maßnahmen zur Verringerung der Durchflussmengen bei kleineren Fließgewässern können nur angewendet werden, wenn die entsprechenden örtlichen Gegebenheiten dies zulassen und bestimmte Voraussetzungen vorhanden sind. Auf jeden Fall sollte eine solche Maßnahme nur in enger Abstimmung mit dem zuständigen Gewässer-Unterhaltungspflichtigen erfolgen.

Als erste Voraussetzung muss ein genügend großer Retentionsraum vorhanden sein, in dem sich das zurückstauende Wasser ausbreiten kann, ohne dass hierdurch weitere Bereiche gefährdet werden.

Dann muss das hierfür benötigte und geeignete Material in ausreichender Menge zur rechten Zeit vor Ort verfügbar sein. Auch sollte der Zeitpunkt für den Eingriff sehr sorgfältig gewählt sein, da durch den sich erhöhenden Wasserdruck und die sich vergrößernde Anstauhöhe die Maßnahme meist nur zeitlich begrenzt Wirkung erzielt.

Das Ziel oder Ergebnis dieser Maßnahme kann bestenfalls die Spitze einer Hochwasserwelle kappen, so dass zeitlich begrenzt weniger Wasser fließt und somit Extrempegelstände vermieden werden.

Im Anschluss werden zwei Einsatzbeispiele exemplarisch für eine solche Maßnahme dargestellt.

18.1 Beispiel 1 – Einsetzen eines Containers

Verringerung der Durchflussmenge durch einen Abrollcontainer, der mit Sand gefüllt wird.

Als erstes wird Material, Personal und benötigtes Gerät an der Einsatzstelle zusammengezogen und diese entsprechend räumlich strukturiert. Hier wurden zehn Greifzüge aus den umliegenden Feuerwehren und THW-Ortsverbänden zusammengezogen, um den Container gegen die Strömung entsprechend abzuspannen und zu sichern. Erst wenn alles benötigte Material und Gerät vollzählig vor Ort ist, kann mit der Umsetzung der Maßnahme begonnen werden.

Vorbereitende Maßnahmen für Einsetzen eines Containers (Foto: Ralf Rohrmoser von Glasow)

Beim Einsetzen des Containers ist darauf zu achten, dass er durch entsprechende Abspannung geführt und so genau im Gewässer positioniert werden kann.

Nach dem Einsetzen im Gewässer muss sofort durch geeignete Maßnahmen sichergestellt werden, dass der Container nicht durch den sich nun ständig erhöhenden Wasserdruck verschoben wird.

Einsetzen des Containers (Foto: Ralf Rohrmoser von Glasow)

Auch muss bedacht werden, dass durch den sich nun erhöhenden Wasserdruck es im Gewässer zu Ausspülungen und Gerinneveränderungen kommen kann, auf die geachtet und gegebenenfalls mit Gegenmaßnahmen reagiert werden muss.

Der Container nach dem Einsetzen (Foto: Ralf Rohrmoser von Glasow

Im vorgenannten Beispiel konnte die Spitze der Hochwasserwelle um etwa 8 – 15 cm verringert werden, womit eine Flutung mehrerer Häuser verhindert wurde.

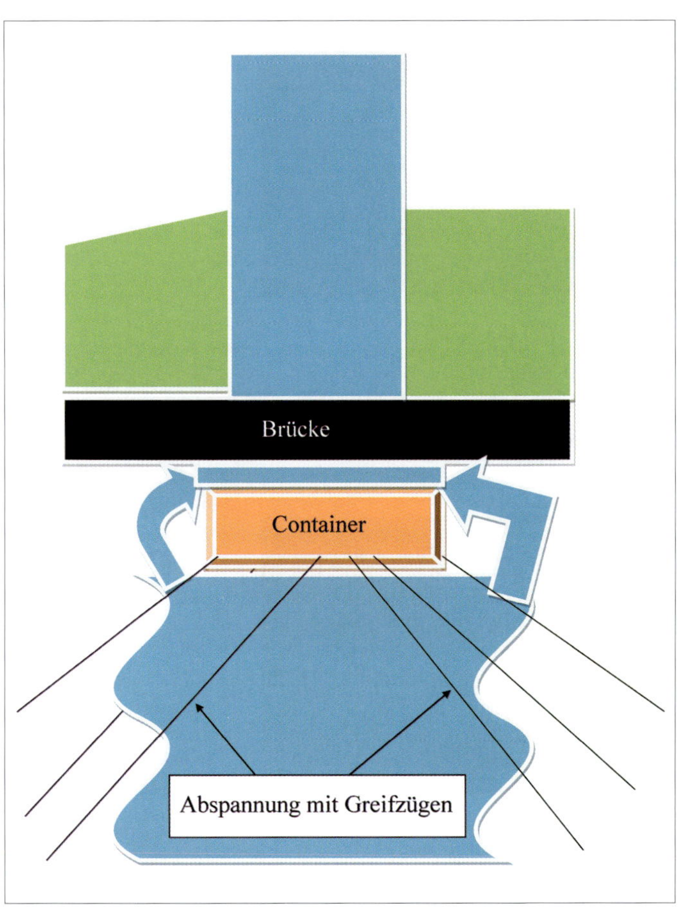

Container-Einsatz (schematische Darstellung)

18.2 Beispiel 2 – Einsetzen von Bigpacks

Verringerung der Durchflussmenge an einem defekten Einlassbauwerk durch das Einsetzen von Bigpacks im Gewässer.

Die Bigpacks müssen bei der Verwendung im Gewässer mit starker Strömung bei Befüllung mit Sand geschlossen sein, damit der Sand nicht ausgespült werden kann. Als Alternative können offene Bigpacks, falls keine verschließbaren zur Verfügung stehen, mit Sandsäcken gefüllt werden.

Beim Einsetzen im Gewässer sollten gleichmäßig an beiden Ufern jeweils die Bigpacks gesetzt werden, damit sich die Strömung in der der Mitte des Gewässers erhöht und nicht in den Randbereichen, um Ausspülungen zu vermeiden.

Einsetzen der Bigpacks (Foto: THW OV Siegburg)

Einsetzen im Uferbereich beginnend (Foto: THW OV Siegburg)

Da sich, je weiter man den Durchfluss in der Mitte des Gewässers verengt, der Wasserdruck auf die bereits gesetzten Bigpacks immer weiter erhöht, muss die entstehende Barriere bei Bedarf durch weitere Bigpacks verstärkt werden.

Auf die Entwicklung der Strömungsverhältnisse und des Wasserdrucks im Gewässer ist permanent zu achten.

Falls sich während des Einsetzens der Bigpacks Unterspülungen, Auskolkungen oder sonstige Veränderungen im Gerinne einstellen, ist sofort zu reagieren. Im Zweifel muss die Maßnahme gestoppt werden. Durch das hier genannte Beispiel konnte der Wasserstand im Gewässer um 5 cm gesenkt werden und so eine Baustelle vor der Überflutung bewahrt werden.

Strömungsverhalten im Gewässer (Foto: THW OV Siegburg)

18.3 Zusammenfassung

Abschließend wird darauf hingewiesen, dass die genannten Beispiele keine Standardlösung in einer solchen Situation sind.

Bei der Entscheidung für die beschriebenen Einsatzmaßnahmen sowie bei deren Ausführung sind auf jeden Fall die Fachleute des jeweiligen Unterhaltungspflichtigen des Gewässers zu beteiligen. Hier ist eine enge Zusammenarbeit vor Ort mit den zuständigen Fachleuten in dem betreffenden Einsatzabschnitt anzustreben, so dass bei sich verändernden Situationen schnelle Rücksprachen und schnelle Reaktionen möglich sind.

Steigender Wasserstand, zunehmende Strömung (Foto: THW OV Siegburg)

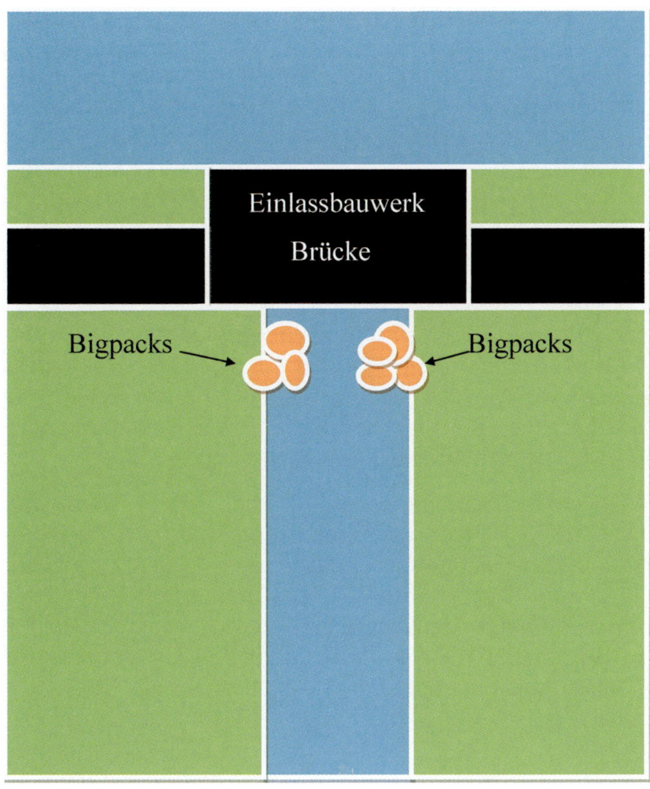

Einsetzen von Bigpacks (schematische Darstellung)

19 Schlammlawinen

Schlammlawinen sind ein Gemisch aus Wasser, Erde, Gestein und organischem Material. Voraussetzung für ihre Entstehung sind größere Mengen von lockerem Material, Wasser und ein entsprechendes Hang- oder Gerinnegefälle. Schlammlawinen sind ein Zwischending zwischen Erdrutsch und Sturzflut. So kann aus einem Erdrutsch oder wild abfließendem Niederschlagswasser eine Schlammlawine entstehen.

Besonders gefährdet sind frisch abgeerntete oder bearbeitete landwirtschaftliche Flächen mit dem entsprechenden Neigungswinkel. Wenn hier dann noch ein Starkniederschlag auftritt, können plötzlich viele Feststoffe in Bewegung geraten und eine Schlammlawine bilden.

Bezüglich der Fließeigenschaften verhält sich eine Schlammlawine so wie fließendes Wasser und kann je nach Eigenart dieselben Fließgeschwindigkeiten aufweisen. Im Unterschied zum Wasser verstopft jedoch eine Schlammlawine je nach mitgeführter Menge an Feststoffen Regeneinläufe und Gullys sofort. Ein Ablaufen über das Kanalnetz ist somit verhindert, so dass nur ein Ablaufen an der Oberfläche erfolgt.

THW-Helfer beim Beseitigen von Schlamm aus einer Ortschaft (Foto: THW-Mediathek)

19.1 Eingriffsmöglichkeiten zur Schadensbegrenzung

Eigengefährdung und mangelnde Zeit zur Umsetzung sinnvoller Maßnahmen beschränken in der akuten Phase die Eingriffsmöglichkeiten. Im Grunde können hier nur, wenn genügend Zeit vorhanden ist, dieselben Maßnahmen wie bei fließendem Wasser angewendet werden:

- An Gebäuden die möglichen Eindringöffnungen verschließen, oder
- den Schlammfluss ab- oder umleiten, wenn dies die Zeitabläufe und Umstände erlauben.

Zu beachten ist, dass bei einer Schlammlawine das Gewicht der in Bewegung geratenen Massen viel höher ist als bei reinem Wasser.

THW-Räumgerät im Einsatz bei der Schlammbeseitigung (Foto: THW-Mediathek)

Das muss bei den Einsatzmaßnahmen berücksichtigt werden. Dies bedeutet, dass z.B. eine Sandsack-Barriere zur Ableitung der Schlammmassen viel stabiler angelegt werden muss als beim Ableiten von Wasser. Das Gleiche gilt für Gebäudeabdichtungen von Türen und Kellerfenstern.

Die nach einer Schlammlawine notwendigen Räumarbeiten sollten zeitnah erfolgen, bevor der Schlamm trocknen kann. Eingetrockneter Schlamm verfestigt sich und kann hart wie Beton werden, was die Entfernung erheblich aufwändiger macht.

20 Sicherheitshinweise, Verhaltensregeln Gesundheitsschutz

Bei allen hier beschriebenen Einsatzsituationen besteht ein erhöhtes Unfallrisiko mit unter Umständen schweren Verletzungen für die beteiligten Einsatzkräfte und sonstige beteiligte Personen. Für alle Tätigkeiten an und auf dem Wasser sind die jeweils aktuellen Vorschriften zur Unfallverhütung zu beachten. Darüber hinausgehend gibt es noch einige Erfahrungswerte und Faustregeln zur Abschätzung der Gefährdungssituation.

Faustregel:
Die Gefährdung bei Hochwasser ist abhängig von Wassertiefe und Fließgeschwindigkeit.

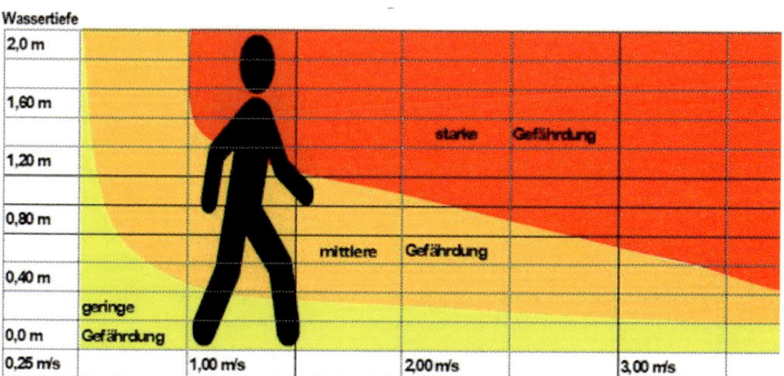

Darstellung der Gefährdungsintensität bei Hochwasser im Bezug auf eine Person

20.1 Wathosen

Der Einsatz von Wathosen in fließendem Gewässer birgt eine nicht zu unterschätzende Gefahr. Die Hose kann von oben volllaufen, wenn man hinfällt, oder die Hose kann durch Stacheldrahtzaun oder ähnliches beschädigt werden. Wenn das Wasser hineinläuft, ist es fast unmöglich für den Träger, aus der Hose herauszukommen. Die Hose ist in sehr kurzer Zeit vollgelaufen, Schwimmen ist dann fast unmöglich und man wird von der Strömung unter Wasser gezogen. Auch das Vorwärtskommen ist fast unmöglich, da Wathosen, die mit Wasser vollgelaufen sind, der Strömung eine weit größere Angriffsfläche bieten.

Deshalb sollten Wathosen oder Fischerstiefel in strömenden Gewässern nie ohne Rettungsweste verwendet werden. Auch sollten immer zwei Helfer gemeinsam eingesetzt werden.

20.2 Weitere sicherheitsrelevante Faktoren

Desweiteren ist die Beschaffenheit des Untergrundes sowie die Schwemmfracht zu berücksichtigen.

Die Art der Ausrüstung in Bezug auf Mehrgewicht und Einschränkung der Bewegungsfreiheit ist zu beachten.

All dies und noch viele weitere Einsatz- und Einsatzstellenspezifische Faktoren bestimmen das Gefährdungspotential und sind bei allen Entscheidungen, die getroffen werden, zu berücksichtigen.

20.3 Krankheiten, die durch Hochwasserereignisse in ihrer Entstehung und Ausbreitung begünstigt werden

- **Typhus**
  Erreger: Bakterium
  Lebensraum: verunreinigtes Wasser
  Infektion: oral durch Wasser und Lebensmittel

- **Cholera**
  Erreger: Bakterium
  Lebensraum: verunreinigtes Wasser
  Infektion: oral durch Wasser und Lebensmittel

- **Dysenterie (Ruhr)**
  Erreger: Bazillen, Amöben
  Lebensraum: Wasser, Schlamm
  Infektion: oral durch Wasser und Lebensmittel

- **Schistosomiasis (Bilharziose)**
  Erreger: Saugwurm (Wasserschnecke)
  Lebensraum: stehendes Wasser
  Infektion: Larve durch die Haut

- **Filariasen**
  Erreger: Fadenwürmer
  Lebensraum: stehendes Wasser
  Infektion: oral durch Wasser

- **Wucheria bancrofti**
  Erreger: Fadenwurm
  Überträger: Stechmücke
  Lebensraum: stehendes Wasser
  Infektion: Stich

- **Onchozerkose**
  Erreger: Nematoden
  Überträger: Stechmücke
  Lebensraum: fließendes Wasser
  Infektion: Stich

20.4 Zusätzliche Infektionsgefahren im Auslandseinsatz

- **Malaria**
  Erreger: Plasmodien
  Überträger: Anophelesmücke
  Lebensraum: stehendes Wasser
  Infektion: Stich
- **Dracunculus**
  Erreger: Fadenwurm
  Überträger: Krebse
  Lebensraum: stehendes Wasser
  Infektion: durch die Haut, oral
- **Trypanosomiasis (Schlafkrankheit)**
  Erreger: Flagellaten
  Überträger: Tsetsefliege
  Lebensraum: Schilfufer
  Infektion: Stich
- **Denguefieber, Encephalitis, Gelbfieber**
  Überträger: Stechmücken
  Lebensraum: stehendes Wasser
  Infektion: Stich

Diese Aufzählung erhebt nicht den Anspruch auf Vollzähligkeit. Sie soll nur einen kleinen Überblick über die mit einem Hochwasser verbundenen Infektions- und Gesundheitsgefahren geben.

Ein Hochwasser begünstigt ebenfalls Tierkrankheiten und deren Krankheitsüberträger. Pilzbefall und Pilzinfektionen sowie Pflanzenkrankheiten werden ebenfalls gefördert.

Bei all den im Einsatzraum im Nachgang zu einem Hochwasser durchzuführenden Einsatzmaßnahmen und Aufräumarbeiten sollte daher auf die Hygiene insbesondere bei der Einsatzversorgung der Einsatzkräfte mit Verpflegung und Getränken geachtet werden. Wasch- oder Desinfektionsgelegenheiten sollten vor der Verpflegungsaufnahme jeder Einsatzkraft zur Verfügung stehen.

Zum Schutz vor Mückenstichen sollten den Einsatzkräften rechtzeitig und ausreichend entsprechende Abwehrmittel zur Verfügung gestellt werden.

21 Die zukünftige Entwicklung

Die Vorhersagen für die voraussichtliche, zukünftige Entwicklung sagen – unbestritten und durch Statistiken belegbar – eine rapide Zunahme der in diesem Buch beschriebenen Einsatzszenarien, sowohl in der Häufigkeit als auch in der Intensität, voraus.

Für die Einsatzbewältigung bedeutet dies, bei der Masse der anfallenden Einsatzstellen, dass viele kleine Einheiten nicht größer als Gruppenstärke, auf sich gestellt an auseinanderliegenden Einsatzstellen ihre Einsatzaufträge abarbeiten müssen.

Auf Grund der zeitkritischen Abläufe bedeutet dies für die Führer dieser Einheiten, dass mehr Verantwortung auf sie zukommt. An der Einsatzstelle sind schnelle Entscheidungen zu treffen, deren Dringlichkeit längere Abstimmungen und Absprachen mit der Einsatzleitung und dem Krisenstab nicht zulässt.

Einige der bisher im Hochwasserschutz gelehrten und verwendeten Problemlösungen sind wegen des damit verbundenen Zeitaufwands hier nicht anwendbar. Hier ist in Zukunft weit mehr das handwerkliche Improvisationsgeschick jeder einzelnen Einsatzkraft sowie insbesondere der Führungsverantwortlichen gefragt.

Bei der Ausstattung zeichnet sich inzwischen ein Trend zu Sandsackersatzsystemen ab, die schnell einsetzbar sind und den Zeitaufwand gegenüber dem klassischen Sandsack wesentlich verringern. Kommunen, die öfter von einem

Sturzflutereignis betroffen waren, beginnen inzwischen ihre Feuerwehren mit solchen Systemen auszurüsten, um schneller reagieren zu können.

Übung der Feuerwehr mit einem Sandsack-Ersatzsystem zum Schutz eines Wohngebietes (Foto: Ralf Beyer)

In Ländern, die topographisch bedingt bereits in der Vergangenheit mit diesen Problemen konfrontiert waren, sind entsprechende Systeme bereits seit Jahren im Einsatz, um die Eingriffsmöglichkeiten in der akuten Phase eines Sturzflutereignisses zu erweitern.

Auf jeden Fall werden auf Grund der zunehmenden Schadensereignisse dieser Art in der Zukunft Dinge in Bewegung geraten und Änderungen in Ausbildung und Ausrüstung notwendig sein, um diesen Herausforderungen begegnen zu können.

Literatur- und Quellenverzeichnis

LINDE, CHR., STROTT, M.: Hochwasserlagen bewältigen. THW-Ausbildungsbroschüre, 2014

SCHRUHL, X., PAULUS, R.: THW-Einsatztaschenbuch Hochwasser, 2013

DIENSTVORSCHRIFT, DV Bundesheer Austria, Katastrophenfälle, 1996

HYDROTEC INGENIEURGESELLSCHAFT FÜR WASSER UND UMWELT MBH: Vorhersage und Management von Sturzfluten in urbanen Gebieten (URBAS) im Auftrag des Bundesministeriums für Bildung und Forschung, Fachhochschule Aachen, Deutscher Wetterdienst, 2008

HÄHLEN, N.:, Hochwasserschutz Heute, Tagung in Wangen an der Aare, Schweiz, Tagungs-Präsentation, Amt für Wald/ Abteilung Naturgefahren, 2014

CHRISTEN, S.: Hochwasserschutz Heute, Tagung in Wangen an der Aare, Schweiz, Tagungs-Präsentation, Schweizer Armee Lehrverband Rettungstruppen, 2014

PATT, H.: Hochwasser Handbuch, Auswirkungen und Schutz, 2001

PV-BRANDSICHERHEIT, TÜV Rheinland Energie und Umwelt GmbH, 2011

LOTZ, J., METZLER, M.: Hochwassereinsatz Die Roten Hefte, Kohlhammer Verlag, 2005

Schweizerischer Feuerwehrverband: Taschenkarte Einsatz der Feuerwehr und ihrer Partner bei Naturereignissen, 2014

Schweizerischer Feuerwehrverband: Taschenkarte Vorbereitung und Ausbildung der Feuerwehr und ihrer Partner bei Naturereignissen, 2014

DLRG Landesverband Westfalen e.V., Einsatzhandbuch, 2014

Amt für Abfall, Wasser, Energie und Luft, Abteilung Wasserbau, Kanton Zürich, Schweiz, Arbeitshilfe 6, Mobiler Objektschutz, 2012

Schweizer Armee, Heer Lehrverband Genie/Rettung: Hochwasserschutzsysteme, Auszug aus Dokumentation 62.070.07.1 „WELAB 7A“, 2015

Kommunal Agentur NRW, Hochwasser- und Überflutungsschutz: Ansätze für eine fachübergreifende Zusammenarbeit innerhalb der Kommunalverwaltung, 2015

THW Dienstvorschrift DV- 250-1 Arbeiten an und auf dem Wasser, 2016

Bundesamt für Bevölkerungsschutz und Katastrophenhilfe: Handbuch „Unterschätzte Risiken Starkregen und Sturzfluten“, 2016